COLLECTION
FOLIO THÉÂTRE

Jean Genet

Le Bagne

Préface de Michel Corvin

Professeur honoraire à l'Université de Paris-III

Édition de Michel Corvin et Albert Dichy

Gallimard

Édition dérivée de la Bibliothèque de la Pléiade

PRÉFACE

L'évidence du bagne

Le bagne, pour Genet, c'est d'abord Détective *: en lecteur fidèle et naïf, il en dévore les aventures excessives ; toutes les images d'Épinal du Mal sont, dans cet « illustré » d'avant-guerre, orchestrées avec un vrai talent de la surenchère. On s'attendrait donc que la pièce du* Bagne *déroule, comme un conte, une de ces histoires édifiantes et terribles. De fait on y verra reconstituée, dans un univers impitoyable, une société stratifiée avec sa hiérarchie d'administrateurs, de matons et de sentinelles, avec la communauté des bagnards travaillée par la rivalité sourde de deux figures, Ferrand, l'exécuteur des hautes œuvres et Rocky, le tubard : situation bloquée d'une petite vie quasi provinciale, faite de mesquineries et de papotages. Soudain, elle va basculer avec l'arrivée d'un criminel mythique, Forlano. Tensions, provocations, mise à l'épreuve qualifiante du héros, comme dans un roman de chevalerie, et conversion lente, mais irréversible, des deux anciens au prestige du nouveau. Jusqu'à l'Événement : Forlano est exécuté, à tort, pour* *le meurtre d'un des gardiens. La boucle est bouclée, le bagne retourne à sa touffeur, mais quelque chose s'est produit qui est de l'ordre de l'esprit et qui oblige à sortir du cadre du fait divers et même de l'autobiographie, bien que Genet ait dit : « Les raisons qui m'ont fait élire le bagne comme thème essentiel furent sans doute commandées par mon désir secret de le vivre[1]. »*

Au vrai, l'évidence du bagne est si profonde dans la vie imaginaire de Genet qu'il vaut la peine d'en débusquer toutes les implications : elles sont moins fantasmatiques qu'on ne croirait si l'on s'en tenait à ce qu'en disent Yeux-Verts (dans Haute surveillance*), Claire et Solange (dans* Les Bonnes*) ; entre ce bagne-là, lieu rêvé d'une autre vie, entourée de tous les mirages de la nostalgie, et le bagne de la pièce du même nom, il y a toute la distance du pittoresque au philosophique : le bagne du* Bagne *est abstrait — séparé — du monde des vivants. Il vaut par lui-même, en lui-même suffisant, comme une Idée platonicienne : du coup idéal et absolu, inaccessible. D'autant plus inaccessible qu'il n'existe plus. Il a été aboli en 1938, avant que Genet commence à écrire. Bien plus, il est déréalisé par Genet : vide et clos, on peut même dire qu'il n'existe pas[2] : il est le modèle invisible de toutes les centrales où sont enfermés les criminels de plus ou moins grande envergure (Clairvaux, la Santé, Fontevraud[3]...) ; modèle semblable*

1. Cité p. 111 de l'édition du *Bagne* [Théâtre : esquisses./ Scénario], L'Arbalète, 1994.

2. Genet le dit à plusieurs reprises : voir *Le Bagne,* L'Arbalète, 1994, p. 101, 111, 134, 198, 207.

3. Lefranc et Yeux-Verts en donnent la liste à la fin de *Haute surveillance* (Gallimard, coll. « Folio théâtre », p. 176-177).

à la Jérusalem céleste, elle aussi invisible et prototype de toutes les villes chrétiennes terrestres. Le bagne est le Graal à la découverte duquel on part, sachant bien que c'est peine perdue d'y prétendre : l'itinéraire, le cheminement vers, comptent seuls, non le point d'arrivée, horizon insaisissable.

Un fonds d'eschatologie chrétienne

Absolu, le bagne ne peut être que lié à la mort, à une mort qui n'est pas l'équivalent du néant, mais plutôt l'assomption à l'être total et définitif du bagnard : au moment où celui-ci, condamné « à perpète », *mais encore vivant, meurt, et d'une mort volontaire qu'il provoque (c'est le cas de Forlano qui s'accuse du meurtre de Marchetti), il accède à la plénitude de soi en même temps qu'à sa dissolution. Ce qui est assez proche de la conception chrétienne de la mort/ vie.*

À signes inversés, naturellement : le Mal, pour Genet, est la Valeur ; il est l'inverse du Bien — non son contraire — et, comme le Bien, il se prouve par les œuvres accomplies. Dans l'ordre du Bien, la plus grande d'entre elles est le sacrifice, le don de soi, notamment par le martyre ; le croyant y affiche comme une volonté d'autodestruction au nom d'un supplément d'être, supérieur à la perte consentie de l'existence. Il en va de même pour la manifestation la plus haute des œuvres du Mal, le crime. Mais au-delà du crime, que peut-on « espérer » *? Comme on ne peut plus faire le Mal dans le Mal, une fois le* *point limite atteint, la réalisation ultime du Mal est l'autodestruction par la mort (non par le suicide qui relève d'une autre philosophie, humaniste et athée), mort subie comme un châtiment selon une conception religieuse, chrétienne encore, de l'échange : la société « donne » la mort au bagnard en échange de sa culpabilité, comme Dieu donne la béatitude éternelle à celui qui a sacrifié sa vie pour Lui. Se faire guillotiner, c'est s'offrir en don total pour un gain incomparable, la mort : la mort comme réalisation totale et paradoxale de son être, sorte de crime extrême accompli sur soi-même. Aporie parfaite de cette exécution/ achèvement de soi, au double sens de ces termes.*

Le bagne est le lieu de la mise à l'épreuve, de l'affrontement et de l'initiation humiliante. Est vraiment digne du nom de bagnard celui qui abandonne la gloriole du tueur, qui ne se satisfait plus de son défi de belle gueule et accepte d'être ravalé au rang le plus bas, dans une sorte de nuit mystique où il est rejoint — hissé alors au niveau le plus haut de la sainteté noire — par d'autres bagnards : ceux-ci pataugent longtemps dans le réel et s'accrochent à leurs rivalités dérisoires avant de reconnaître la pureté de l'élu et de suivre son sillage. Ferrand et Rocky, longtemps rivaux, sont les bénéficiaires de la grâce dispensée par Forlano : c'est une autre façon, assez christique au demeurant, de concevoir la réversibilité des mérites et des peines.

La mort n'est pas un fait brut qui met fin à la vie : elle se conquiert à la suite d'une douloureuse ascèse. Le Directeur le dit très clairement à Forlano :

« Vous avez sans doute pensé que vos assassinats vous tueraient. Non. Il va falloir vous donner encore un peu de mal, si vous voulez connaître la vraie mort » (p. 56). Cette vraie *mort, comme il est dit plus explicitement dans le scénario du* Bagne, *il s'agit de la « digérer[1] »). La digérer, c'est-à-dire entrer dans les desseins de la Providence. Car le criminel est prédestiné : « Il était mort avant que de naître » est-il dit encore dans le scénario du film[2] ; quant à Forlano, il était « déjà repéré par Dieu » (p. 60). Le rôle du bagne est de ce fait essentiel : antichambre de la mort, il est aussi le tremplin qui permet d'y accéder.*

À ce niveau de concepts, nourris des mots d'épreuve, de déréliction, de grâce, Le Bagne *est pétri de théologie. Il est traversé aussi d'une histoire sainte, celle du Christ dont Forlano est la Figure en négatif.* Le Bagne *est, comme chez les expressionnistes allemands, un* Stationendrama *qui mène Forlano le long d'un chemin de croix. Dans la marche de Forlano à la guillotine (après avoir été promené devant le grand livre des bagnards illustres et avoir été présenté à ses compagnons de bagne, en cheminant le long des cellules) se repèrent bien des éléments analogues à la montée de Jésus au Golgotha : au centre, les héros (Jésus ou Forlano) ; autour, deux groupes : les indifférents (les soldats romains, les sentinelles noires) et les hostiles (les Juifs, l'administration pénitentiaire et les gardiens blancs). Forlano, comme le Christ, subit un interrogatoire d'identité.*

1. L'Arbalète, *op. cit.*, p. 192.
2. *Ibid.*, p. 210.

À Caïphe demandant au Christ : « Es-tu le fils du Dieu vivant ? », Jésus, aussi peu bavard que Forlano, se contente d'opiner avec un : « Tu l'as dit, je le suis[1] *», là où Forlano, soumis aux provocations du Directeur, annonce avec superbe : « C'est moi qui passe ! » Et il ne dira plus un mot de toute la pièce. Jésus est l'objet de risées insultantes (le couronnement d'épines), Forlano se fait copieusement injurier par les bagnards ; Jésus est crucifié entre deux larrons, Forlano est entouré de deux rivaux, Ferrand et Rocky, sur qui la grâce de la conversion opérera…*

Si l'on veut échapper à trop d'eschatologie chrétienne — familière néanmoins à Genet, grand connaisseur de la Bible[2] *—, on admettra à tout le moins que dans la quête de son identité définitive (qualificatif qui revient constamment sous la plume de Genet), le crime seul permet à un homme d'être ce qu'il est : « Deviens ce que tu es » est la formule nietzschéenne et genétienne de l'accomplissement de soi ; le crime change la vie en destin et la mort change le destin en triomphe : deux Blancs ont rossé à mort un jeune Noir, apparemment sans motif, est-il raconté dans le tableau IV, mais « tuer un Noir ça voulait dire pour eux devenir définitivement Blancs » (p. 78). Enfermé dans sa solitude et son Unicat*[3]*, le criminel*

1. Évangile selon saint Marc (14, 61-62).

2. Genet prend un malin plaisir à utiliser des termes ou des images qui viennent de la tradition chrétienne : on « baptise » Forlano, mené en « procession » devant ses codétenus et les bagnards sont tondus comme des « moines ».

3. Pour reprendre le mot que Vitrac utilise pour qualifier la quête par Victor de son identité la plus spécifique (dans *Victor ou les Enfants au pouvoir*, Gallimard, coll. « Folio théâtre », p. 170).

ne peut avoir comme interlocuteur que le cosmos, un cosmos qu'il construit, comme Rocky, à coups de crachats pour avoir au-dessus de sa tête une « voûte céleste » avec son soleil et sa lune, son ciel des étoiles fixes. « C'est mon ciel [dit Rocky] où mon destin est bien écrit... » (p. 49).

Le rond et le pointu

La symbolique sexuelle du pointu et du rond (ou du creux) est vieille comme le monde, au moins de façon inconsciente. Genet en la matière n'innove pas, mais il exploite la koinè *avec un tel luxe d'analogies, dérivées à coups de métaphores et de métonymies, qu'il atteint à ce qu'il a toujours prétendu faire, un poème.*

Le masculin est solaire et sec, d'une présence active et agressive ; le féminin est lunaire, humide et mou ; la féminité est absente, au mieux objet d'une simulation. Sur ces symétries premières, Genet construit tout un jeu d'équivalences thématiques qui rendent son texte à la fois secret et explicite, si l'on veut bien accepter comme valide la clé que nous proposons. En effet les manuscrits, à partir desquels nous avons reconstitué une pièce que Genet n'a jamais achevée et qu'il a laissée dans le désordre (cf. infra, *la Notice, p. 135-138), offrent un texte dialogué entre la Lune et le Soleil (tableau VIII), apparemment sans lien aucun avec l'aventure des bagnards. Ce texte, pourtant, contient tous les fils qui permettent de relier les réseaux d'images entre eux. La Lune dit de sa lumière qu'elle « est ronde » ; la Lune doit « nettoyer [sa] gamelle. Toujours en rond… dans le même sens » et « à la verticale aisance des cyprès [elle] oppose la confusion des lianes » ; surtout : « Je suis toute la féminité absente, laissée sur les anciens rivages, dit la nuit. » Les forçats ont beau se couler dans son « ventre noir, creux, plein, blême. Chaque nuit est engrossée ». Mais elle n'en est pas féconde pour autant : si les bagnards oublient leur âge dans la nuit lunaire, « leur agonie s'accélère », car « la nuit ouvre son cul immense où vient s'enfouir le jour oublié ». La Lune n'est qu'image de disparition, de mort. Le Soleil, à l'inverse, rythme les jours et provoque à l'action ; il « astique [ses] flèches ». « Ils le savent bien, les Nègres du corps de garde, que la paresse est active quand je darde. […] La lumière est triomphale », proclame le Soleil. « Le bagne tout entier sait qu'il s'est éloigné des rivages où la femme était puissante. Ici rien qui doive la rappeler. […] Le jour est un mâle tout entier dans sa solitaire et stérile érection… »*

Rétrospectivement, on saisit mieux alors ce que veulent dire les deux sentinelles Black et Mockri au tableau II. Black astique sa baïonnette et, ce faisant, il s'assimile au soleil dont les rayons sont des flèches : « Ma flèche est un rayon de l'astre. » Le soleil, dit-il, fait saigner du nez « quatre ou cinq crevés d'insolation » ; il est aigu, « toutes les pointes dehors » ; il tue : c'est en plein soleil que sont exposés les bagnards condamnés au mitard. Mockri, en revanche, « brique en rond » sa gamelle et, de la sorte, comme le lui dit Black, il astique la lune. Ce que lui-même reconnaît :

« […] à force de l'astiquer, j'espère lui faire remonter sa jeunesse plus haut et qu'elle brille comme la première lune le premier soir du monde. » La lune est la planète de l'ombre, du secret ; elle est l'ange tutélaire de Rocky, le bagnard qui crache ses poumons dans une cellule où les rayons du soleil ne parviennent pas. Mockri le prend en charge comme sa chose : « […] c'est l'humidité, la nuit, c'est la crève et ça me regarde. » « Je suis rond », dira-t-il encore, et « je suis femme », pourrait-il ajouter. La femme est nuit, la lune est femme.

Le soleil et la lune ne s'opposent pas comme le bénéfique au maléfique. Tous deux diffusent une « lumière implacable ». Sans doute la lune a-t-elle pour rôle de « confondre les nuits », le soleil de « nommer » les « jours », mais l'activité industrieuse de l'un ne contrarie pas la passivité répétitive de l'autre. Le soleil est tendu vers un acte, l'exécution sanglante des bagnards, la lune vers la dissolution lente des corps. Des deux côtés, la même pulsion de mort ; des deux côtés, comme il est dit dans Le Balcon, *un seul scénario : la mort.*

Dans le monde sans femme du bagne, la « Veuve » (autre nom de la guillotine), cette femme qui tue ses mâles, occupe la place d'une « Impératrice » ; elle est digne des soins les plus délicats. Elle étend sur les esprits un tel pouvoir qu'elle assimile à elle, en le féminisant, son servant attentionné, Ferrand. Au même rythme qu'elle — elle fonctionne une fois par mois — il « lâche les écluses : le sang inonde des linges ». Sang qui le revêt, en tant que prêtre de la mort, d'un caractère sacré — au double sens du mot, interdit et divin : « Une fois par mois je suis intouchable. Je dispose de la mort. Et c'est par là que je suis femelle ! » Parodiée, la féminité est incarnée en cette « donneuse » de Roger qui se travestit en infirmière, en vestale, en Paimpolaise ; caricaturée, la féminité est théâtralisée par les notables dévirilisés que sont les administrateurs du bagne et l'Aumônier : le Directeur et le Sous-Directeur jouent de l'éventail comme des « mousmés » et évoquent Mme Butterfly, Carmen, Manon. L'Aumônier est plus crédible qu'eux, en pseudo-femme, par la robe qu'il porte. L'humidité dont se plaint l'Économe n'est pas seulement due au climat tropical !

L'humide, comme signe de négativité destructrice, c'est aussi les crachats dont le tuberculeux Rocky constelle sa cellule ; la morve et les déjections liquides que les bagnards déposent dans la tinette (tableau VII) ; surtout la « matière » dont les bagnards gratifient Forlano, pour le dévaloriser, lors de sa visite/intronisation dans les cellules (fin du tableau III) : « C'est vrai [lui lance Gloster] que tu es mou, doux et tiède comme une merde chiée dans la minute » ; tandis que de Xaintraille : « [...] ouvre ta gueule, que je la remplisse de mollards millénaires ! [...] je me charge de t'en enduire de la tête aux pieds. Et tout luisant, gluant, poisseux, mouillé, radieux... » Assez significativement, lors de cette présentation de Forlano à ses compagnons de misère, si la première partie en est constituée d'injures scatologiques, la deuxième, dans la bouche de Rusch et de Limbiansky, est consacrée à la féminité absente dont le substitut dérisoire est précisément le bagne : « Si la femme est *absente, laissée là-bas, c'est pour mieux la créer à chaque seconde dans nos gestes et dans nos paroles. Qu'elle apparaisse! Qu'elle apparaisse! Vivante, sortie toute nue et polie de ma bouche ouverte! Forlano, tu as touché au monde féminin absolu, celui où tous les mâles sont [*un mot illisible*] parce que, sauf le curé, il n'y a pas une jupe. »*

La femme, c'est le mou, l'humide et aussi le rond. Rond (et visqueux) est l'œil du personnage lunaire qu'est Marchetti : il le colle à l'œilleton de la cellule pour surveiller Forlano. Mal lui en a pris, car le mâle Forlano le tue en lui enfonçant dans l'œil une flèche solaire, à savoir une alêne de cordonnier passée en douce. Forlano est l'astre majeur autour duquel gravitent des astéroïdes de plus ou moins grande luminosité, tous dépendant de son éclat et de son silence. Le Bagne *apparaît dès lors comme doté d'une structure concentrique semblable à celle du système solaire. Rocky le dit expressément : « Je sais... je sais que tout est mis en place ; je le sais, en l'honneur de Forlano. Dès qu'il est arrivé, non seulement le bagne, mais le désert, le globe terrestre, le globe céleste, les cieux — mon ciel et l'autre — ont changé de destination. » Sans qu'on sache rien de sa stratégie, le mystérieux Forlano a réussi à faire alliance avec Ferrand et Rocky, à mettre fin à leur rivalité attisée par Marchetti, à les venger : le bagne se ressoude — sentinelles noires comprises — autour d'eux pour instaurer une complicité du silence et, avec la dénonciation successive du même crime par les trois bagnards, défier les fondements de la Loi. Car le Directeur envoie Forlano au supplice sans aucune preuve de sa culpabilité. De cette mort, le bagne sort vainqueur. Cette « royauté sur les morts » dont le Directeur jouissait jusqu'alors grâce à son éloquence, Forlano la lui dérobe par son mutisme. Lui, « il a su se faire une place au soleil de la gloire », dit Rocky : il fait jeu égal avec le soleil : il tue et, en tuant, il sauve et pérennise le bagne.*

Genet, même et autre

Quand on sait que Genet se remet sérieusement à la rédaction du Bagne *en 1958*[1], *époque où il a achevé une version presque complète des* Paravents[2], *on est tenté de chercher dans* Le Bagne *(que Genet abandonnera en 1964) des traces des deux autres pièces, rédigées à peu près à la même époque,* Le Balcon *et* Les Nègres. *Comme, de plus, le thème de l'assassin (ou criminel de haut vol) est une des obsessions majeures de Genet depuis* Haute surveillance, Les Bonnes *et* Splendid's, *on se dit que* Le Bagne *a des chances d'être truffé de références aux œuvres antérieures. Sans doute, mais ces reprises n'ont rien d'automatique ni de répétitif car, on l'a vu, les concepts de bagne et de mort prennent dans la dernière pièce de Genet une tout autre résonance. Précisément, que ce soit sa dernière pièce et qu'elle soit restée inachevée, qu'elle ait été l'objet, pour lui,*

1. Alors qu'il avait ébauché la pièce dès 1949 (et qu'il l'avait vendue à cette date, à l'état de projet, à Gaston Gallimard).

2. En effet Genet a transmis à Gallimard un manuscrit nommé *Les Mères* dont les placards seront composés, prêts pour l'édition, en 1958.

d'une ambition majeure et de tourments insurmontables, comme en témoigne la correspondance qu'il a échangée avec Bernard Frechtman, son traducteur et agent littéraire, est un signe dont il faut essayer de sonder la profondeur[1]*. Deux passages, au moins, de cette correspondance valent d'être cités :*

« Je continue Le Bagne *[...]. C'est dur. Je voudrais presque être mort, par moments. Tellement c'est difficile. Je m'endors, épuisé, après avoir écrit une page ou deux. Dès la première scène, il faudrait que* toute *la pièce soit* déjà absolument totalement déroulée[2] *dans l'esprit du spectateur. Que le spectateur aille alors à la rencontre de lui-même et non de péripéties extérieures. Le remue-ménage anecdotique est là pour masquer la pauvreté du dramaturge » (lettre d'octobre 1959). Genet veut non seulement dépasser tout réalisme mais échapper à tout développement discursif de sa fable ; elle ne doit plus être linéaire comme toutes celles qui racontent une histoire (celle de Yeux-Verts, dans* Haute surveillance, *ou même de Saïd, dans* Les Paravents*), mais tabulaire : fournir en un seul tableau (et, ici, le mot prend toute sa valeur d'invitation à une saisie immédiate et complète) le tout de l'œuvre. C'est bien le cas du tableau I du* Bagne *qui impose, avec la perception (seulement auditive) de la guillotine en action, la tonalité essentielle de l'œuvre : sa fin est*

1. Dans le choix de correspondance que nous avons publié dans l'édition du *Théâtre complet* de Genet (Gallimard, coll. « Bibliothèque de la Pléiade », 2002, p. 905-951), Genet parle beaucoup du *Bagne* à partir d'avril 1958. On lira notamment les lettres d'octobre 1959 (p. 927-928), de novembre 1959 (p. 930), du 29 octobre 1960 (p. 939-940).

2. Ces mots sont soulignés par Genet.

dans le commencement. Tonalité conceptuelle — la mort — mais aussi sensorielle — le sang — avec toutes les dérives de signification sexuelle sur la féminité de la guillotine et de Ferrand que nous avons signalées. Sans oublier la construction en contrepoint du tableau avec son espace multiple et ses sentinelles noires dont les préoccupations burlesques, apparemment étrangères à la guillotine, se tressent de façon indirecte — poétique — avec les images antithétiques du jour et de la nuit, de l'éclat des bijoux et du statut irréel du bagne : toutes notions dont on a pointé l'importance dans l'économie de la pièce.

La deuxième citation (lettre de novembre 1959) concerne non la composition de la pièce mais le statut du personnage (collectif) central : « Pour Le Bagne, *peut-être que ça va aller un peu mieux. Je crois avoir trouvé l'origine des bagnards : c'est leurs victimes. Les victimes seront présentes, toujours dans un endroit de la scène. » Ce n'est plus l'exaltation du criminel qui apparaît alors comme l'origine (pour ainsi dire autobiographique) de la pièce mais une réflexion sur le crime : un crime s'accomplit à deux et la victime n'est pas celui qu'on pense, mais le tueur. Dans le tableau IV intitulé « Les Victimes », ce qui frappe est la sérénité et la supériorité des assassinés qui soulignent, avec une sorte de compassion, combien leurs bourreaux leur sont redevables ou combien ils ont tiré bénéfice de leur mort brutale : le Footballeur, « éventré dans les douches par un joueur », « est devenu un mythe auquel on rend les honneurs », et la Vieille, grâce à Forlano qui l'a « braquée », a « sauté les étapes » vers « l'éternité ».*

Tandis que la Jeune Fille de « dix-sept ou dix-huit ans », violée et étranglée par Rocky, « le regarde vieillir et tousser », le Footballeur inscrit son destin dans un ordre providentiel où la prééminence lui revient : « Moi, quand j'ai expiré, je savais que j'abandonnais sur terre un homme qui serait vite ligoté. Lui... il est vraiment né de mon dernier souffle... » Le meurtre fait le meurtrier, non l'inverse ; à son meurtre (au double sens objectif et subjectif de l'adjectif possessif : meurtre qu'il accomplit sur autrui et sur lui-même), l'assassin doit son poids et sa consistance ; il n'est rien sans lui.

On est donc amené à donner à ce tableau des victimes autant d'importance, pour la structure de la pièce, qu'à celui du dialogue de la Lune et du Soleil. Les maîtres du jeu, ce sont ces deux astres, mais aussi les victimes qui, en tant que témoins permanents de l'action (comme le demande Genet), font le lien avec les autres témoins que sont les sentinelles noires : les uns et les autres dominent la situation. Quant à ceux qui croient être les maîtres du bagne (les administrateurs et les gardiens blancs), ils ne sont que des pantins, des fantoches, manœuvrés par les bagnards, le meurtre de Marchetti en apportant la parfaite démonstration ; seul l'Aumônier, par son statut ambigu, manifeste davantage de lucidité.

Construit en fragments juxtaposés[1]*, sans coutures visibles entre eux,* Le Bagne *offre une composition*

1. On objectera que la composition en tableaux hétérogènes juxtaposés est le fait des éditeurs de son texte, non de Genet lui-même. Sans doute, mais à considérer la construction en contrepoint aussi bien spatial que thématique, par exemple du premier tableau, on admettra que ce dispositif est familier à Genet.

tabulaire d'autant plus originale qu'elle se combine avec la structure linéaire de la fable : celle-ci, de façon très classique, va d'un événement à l'autre, de l'arrivée de Forlano à son exécution. Si l'on ne percevait pas l'articulation du vertical (les astres, les victimes, les sentinelles noires) et de l'horizontal (la fable), si l'on ne saisissait pas comment l'horizontal, en la personne de Forlano, accède au vertical de l'astre (comme le dit Rocky) par le meurtre de Marchetti, on ne verrait dans la pièce qu'une ébauche, un brouillon encombré de hors-d'œuvre.

Sans doute cette interprétation, inspirée des réflexions mêmes de Genet confiées à Bernard Frechtman, ne place pas toute la pièce à un niveau où elle échapperait à tout souvenir d'autres œuvres, mais elle relativise ces références et les renvoie, pour une part, à cet anecdotique dont Genet voulait à toute force se débarrasser. Genet se souvient de Haute surveillance *et des* Paravents *(il y a du Yeux-Verts en Forlano, pour ce qui est de la solitude du héros, et du Maurice en Roger, avec une touche de Saïd pour ce qui est du goût de la traîtrise) ; il se souvient de ses poèmes (*Le Condamné à mort*) et de ses romans (*Miracle de la rose*). Assez curieusement, dans ses pièces (sauf de façon allusive dans* Les Paravents *où, au onzième tableau, le Sergent se plaint des assiduités du Lieutenant et, au neuvième tableau*[1] *où le Gendarme évoque, mais sans la jouer, une scène dont Roger s'est sans doute inspiré), Genet ne met jamais*

1. Dans *Splendid's* aussi où Jean se travestit en Américaine assassinée ; mais la pièce est restée inédite du vivant de Genet.

en scène des homosexuels et des travestis alors que les scènes de la buanderie avec Roger (tableau VI) et de l'éventail avec le Directeur (tableau III) s'y complaisent : le rôle de Roger est même totalement déterminé par son homosexualité.

Les termes « beau » et « beauté » reviennent sans cesse dans Le Bagne *comme dans* Haute surveillance *: Forlano est beau : le Directeur parle de sa « fragile frimousse » et Rocky dira aux autres bagnards : « Il est beau comme vous le savez sans doute... » ; Roger a une jolie gueule comme Maurice, Marchetti est « très beau » ; Yeux-Verts aussi est « très beau » ; le Surveillant de* Haute surveillance *est « jeune et beau ». La beauté pour Genet est un signe, une marque distinctive, valable pour les voyous comme pour les policiers car ils appartiennent au même monde des « réprouvés » ; surtout Genet établit une équivalence métaphorique entre le crime et le criminel : la beauté (morale) du crime implique la beauté (physique) du criminel.*

L'assomption par la mort, à quoi travaillent les trois forçats du Bagne, *ressemble assez au destin, totalement paradoxal et aporétique, qui attend le Chef de la police dans* Le Balcon, *s'il accepte, en suivant les conseils de l'Envoyé, de s'enfermer vivant dans un tombeau.*

LE CHEF DE LA POLICE : J'y pourrai veiller debout ou assis toute ma mort ?

L'ENVOYÉ : Celui qui l'aura y sera, mort, pour l'éternité [1].

1. *Le Balcon*, Gallimard, coll. « Folio théâtre », septième tableau, p. 112.

Le pet est un moyen puissant de dérision et de déstabilisation de l'adversaire ; intolérable, il provoque une réaction violente du Directeur au tableau III. Déjà la Reine des Nègres *avait réagi de la même façon :*

LA REINE : Mais si de mon fantôme il ne restait qu'un souffle, [...] il entrerait par les orifices de votre corps pour vous hanter...

FÉLICITÉ : Nous lâcherons un pet, vous serez à la porte.

LA REINE, *outrée* : [...] Qu'on les passe au fil de l'épée[1].

Il n'est pas jusqu'au décor du Bagne *qui ne doive beaucoup à celui des* Paravents. *Bien que Genet parle de « mur » pour ce décor (tableau I), il s'agit plutôt de panneaux mobiles, praticables sur leurs deux faces, qui s'ouvrent et s'écartent pour augmenter la profondeur de champ ; leur mobilité permet de rapides changements de lieux, non pas construits « en dur », mais évoqués simplement par leur inclinaison et leur disposition. Le mot même de paravent*[2] *est employé dans* Le Bagne *et quand il est fait mention des « branches » du mur, il ne peut être question que d'un châssis très léger. Là où il est dit dans* Les Paravents : « [Saïd et sa mère] sortent en grelottant, coulisse de gauche. Le paravent suit le même chemin dans le même mouvement[3] »,

1. *Les Nègres*, Gallimard, coll. « Folio théâtre », p. 103.
2. « *Le paravent pivote pour montrer l'extérieur de cette prison, comme au début de la scène* » (tableau II, p. 772).
3. *Les Paravents*, Gallimard, coll. « Folio théâtre », p. 24.

Le Bagne *propose (p. 51) : « Le décor blanc recule et rentre dans la coulisse. »*

Somme toute, les souvenirs de ses autres œuvres[1] *n'encombrent pas Genet au moment où il rédige difficultueusement* Le Bagne *: plus encore que ses trois grandes pièces, celle-ci s'élève à un niveau où la « vulgate Genet » n'a plus cours ; le philosophique prime le narratif ou plutôt le narratif n'est présent que pour donner chair et sang aux réflexions sur l'identité et la mort : la Figure du bagnard perd toute particularisation psychologique — les motivations qui poussent Forlano à agir demeurent totalement inconnues — au profit d'une vision eschatologique (teintée de christianisme) qui fait du* Bagne *la pièce la plus ambitieuse de Genet. Peut-être est-ce à cette hauteur de vue, où l'air est raréfié, que la pièce doit d'être restée inachevée.*

Michel Corvin

1. On évite de dire « les pièces antérieures » depuis que l'on sait, notamment par la correspondance échangée par Genet avec Bernard Frechtman que *Le Balcon*, *« Elle »*, *Les Nègres* et *Les Paravents* ont été rédigés *en même temps* entre 1955 et 1958.

Le Bagne

PERSONNAGES[1]

dans l'ordre d'entrée en scène

LE SERGENT ABEL, soldat noir
FRISSON, soldat noir
NESTOR, soldat noir
FERRAND, 50 ans
FRANCHI, gardien
DEUX AIDES, gardiens
ROGER, bagnard, 20 ans
MOCKRI, soldat noir
BLACK, soldat noir
LAURENTI, gardien
ROCKY, bagnard, 45 à 50 ans
LE SOUS-DIRECTEUR
LE DIRECTEUR
L'ÉCONOME
SANTÉ FORLANO, bagnard, 20 ans
KOMAC, soldat noir
TEROR, soldat noir
MOKA, soldat noir
FUROR, soldat noir
MARCHETTI, gardien, 30 ans
FUNCK, bagnard
PÉRITCH, bagnard
GLOSTER, bagnard, 60 ans

DE XAINTRAILLE, bagnard, 25 ans

LEROY
FRIMAS
RUSCH
LIMBIANSKY
NITRAÏ
FOLK
} bagnards

LE FOOTBALLEUR, 20 ans
LA VIEILLE, 70 ans
LA VEUVE, 50 ans
LE PÉDÉ, 50 ans
UNE GOUVERNANTE, 30 ans
} les victimes

UN RICHE, moins de 50 ans
UN VIEUX, moins de 70 ans
UNE JEUNE FILLE VIOLÉE, 17 ou 18 ans
} autres victimes

UN NÈGRE QUI DORT, 16 ans

STAVROS, bagnard, 20 ans

RIVAL, bagnard, 20 ans

SIX BAGNARDS

LA LUNE

LE SOLEIL

TROUPE DE NÈGRES (4 sentinelles)

L'AUMÔNIER

I

Le fond de la scène est constitué par un mur formant un angle obtus[1]. *La crête de ce mur — noir — est un chemin de ronde. Au-dessus le ciel, bleu très clair. Sur les côtés, les habituels panneaux de bois noir. Au pied du mur, donc sur le plancher de scène et dans l'angle obtus et obscur, des aides rouleront, venant de la coulisse de droite, une sorte d'échafaud, haut d'un mètre environ. C'est là, sur ce socle, que les aides fixeront les montants de la guillotine. Cette partie de la scène est assez sombre.*

Voici pour les costumes : les sentinelles noires ont un uniforme noir, une casquette noire avec la visière dorée, le fusil à la main, et la baïonnette au canon du fusil. Le Sergent a le même uniforme, avec beaucoup de dorures. Le surveillant Franchi porte un uniforme blanc, très propre, très bien repassé, une chemise blanche, une cravate blanche, des souliers blancs, un casque colonial blanc, un baudrier et un étui à revolver de cuir noir[2]. *Le bagnard Ferrand porte le costume des bagnards, pantalon et blouse à longues rayures blanches et mauves. Il est nu-pieds. Un chapeau de paille blanche, à longs bords, ressem-*

blant au feutre relevé d'un côté des mousquetaires. Sans la plume. Quand il paraîtra, Ferrand portera son chapeau sur la nuque, retenu au cou par un cordon, et laissant nu le crâne rasé. Ses épaules sont très larges. Sa voix est sonore. Le visage est dur et hâlé. Il a environ cinquante ans.

Sur le mur de ronde, les deux jeunes soldats nègres — Frisson et Nestor — bâillent. Ils bâillent beaucoup.

LE SERGENT ABEL, *d'une voix gourmande et enlevant un anneau qui était à l'oreille de Frisson* : Houh ! Houh ! Boucles d'or ! Diamants en verre, montre en argent, chevalière en cuivre... *(à mesure qu'il parle il retire tout cela du soldat)*... sur ta peau noire, dans tes cheveux c'est un régal...

On entend dans la coulisse un roulement de tambour, puis un commandement : « Décoiffez ! »... un nouveau roulement, et : « Recoiffez ! » Les sentinelles et le Sergent regardent derrière ce qui est censé être le mur de ronde, et éclatent de rire, mais d'un rire étouffé[1].

... Allons sentinelles, essuyez vos yeux... *(Il se calme lui-même.)* Et regardez par ici. Je parlais des bijoux : vous devez les porter la nuit, pas le jour.

FRISSON : Qui nous verra ?

ABEL : Qui dans le désert voit l'œil du serpent ? Moi qui en parle. Et je dis que les bijoux tu les portes pour t'en savoir paré. *(Il tend la main.)* Aboule !

NESTOR, *donnant ses bijoux* : La bague... bon, mais la tocante, montre qui marche, elle est utile.

ABEL : Utile, mais dorée. Donc bijou.

FRISSON, *souriant* : Moi je les recrache facilement.

NESTOR, *hargneux* : Moi pas. Je les porte la nuit pour les garder le jour.

ABEL, *irrité* : Aboule ! La nuit, des bijoux, tu ne dois connaître que le poids. *(Il soupèse ceux qu'il vient de retirer aux soldats.)* C'est sûrement du plomb. De nos jours, et surtout aux confins des sables et des sables, les uniformes sont trop légers. La nuit, un soldat de garde doit se redresser sous sa charge de métal.

NESTOR, *donnant encore un peigne enrichi de diamants, qu'il retire de sa tignasse* : Alors, reprenez-les. *(Furieux :)* Mais maintenant, et c'est chaque matin pareil, je ne me sens plus personne.

FRISSON : Moi je suis docile.

ABEL, *à Nestor* : Soldat depuis quand ?

NESTOR : Trois marquès.

ABEL, *furieux* : Mais ! Tu n'as pas encore remarqué la patience que je montre à faire des phrases convenables ? Trois mois, pas trois marquès. Ne touche pas à leur langage. *(Plus doux !)* Soldat depuis ? *(C'est maintenant que des bagnards, mais presque indiscernables, avec des gestes nets, roulent dans l'angle du mur une sorte d'échafaud dont je parle plus haut.)*

NESTOR : Trois mois. Et tant de femmes qui

attendent mon retour avec mon galon de caporal !

ABEL : Mets tes parures la nuit, en leur honneur : elles viendront...

FRISSON, *triomphant* : C'est ce que je fais ! Elles viennent à côté de moi, contre ma hanche !

ABEL : Apportées par quoi ? Le poids des bijoux. *(Face au public.)* Moi, si j'effectue une ronde, la nuit, je me veux étinceler de mille éclats secrets, et c'est une guirlande de grosses dames qui m'accompagne. *(À Nestor :)* Pense aussi que la nuit tu peux avoir le ventre crevé d'un coup de canif : si tu es couvert d'or, ou de plomb doré, tu te respectes, tu te gardes, tu veilles. Sans ornements tu t'affliges, tu t'affales, tu dodelines du chef, tu dors. Il faut aux sentinelles, la nuit, un diadème pour monter au mirador. Mais le jour, pas le jour. Donne s'il en reste.

NESTOR : Le compte y est.

ABEL : Fais voir la cartouchière. *(Il ouvre la cartouchière et il en retire une décoration en brillants. Tous trois éclatent de rire.)* Voyou !

FRISSON : C'est encore presque la nuit, sergent Abel, Abel sergent. Le soleil va venir...

ABEL, *doctoral* : Il n'y a pas d'exécution capitale la nuit : c'est donc bien le jour. Regardez-moi ! Écoutez-moi ! *(Montrant l'espace derrière le chemin de ronde.)* Ce que vous ne devez jamais leur voler c'est leur langage et leurs manières. Pendant la garde de jour, ne soyez pas trop attentifs à ce qui se passe, vous pourriez être fascinés. Si vous trouvez le temps long, regardez en vous et cherchez-y la mer ou le galop d'un platane. Vous gardez le bagne, c'est-à-dire que vous empêchez qu'il ne se disperse, dilue ou dissolve dans les sables. Il doit être ici. Là. Pas ailleurs. Vous, remparts de bidoche et de nuit, vous n'en faites pas partie, mais par un mot d'argot, une phrase mal construite, un geste qui n'est qu'à ces messieurs, le bagne pourrait vous entrer dans la peau...

FRISSON : Ce qu'on voit...

ABEL : Sera bu très vite, et tout de suite recraché. Pas avaler ! Surtout pas avaler, car avaler...

> *Il est interrompu par un énorme éclat de rire en coulisse. Puis, entrant à reculons, de la coulisse de droite, paraît Ferrand*[1]. *Son grand chapeau avec un large ruban rouge pendant sur son dos, puis le surveillant Franchi, à reculons aussi.*

FERRAND, *dans un éclat de rire* : Oui, c'est ça ! Qu'on l'égratigne !

FRANCHI : Que le sang coule ?

FERRAND, *il se retourne, s'avance en scène après avoir, des deux mains, fait un geste comme s'il écartait les deux vantaux d'une porte, et qu'il entrait* : C'est ça ! J'ai peur qu'on l'égratigne et que le sang coule. *(Il rit.)* Clergé à la messe des Rameaux, Impératrice le jour du sacre, elle a droit à une porte à deux battants[2]. Qu'on nomme vantaux en son honneur.

FRANCHI, *embrassant du regard l'espace scénique, vide* : C'est une belle remise.

FERRAND, *se retournant vers la coulisse de droite* : Rincez là ! *(Tourné vers Franchi, il fait admirer son vêtement.)* Vous voyez : pas une tache et pourtant quels jets ! Ça giclait jusqu'aux yeux du Directeur !

FRANCHI, *regardant à son tour la coulisse*[1] : Ils vont noyer l'Impératrice.

FERRAND, *furieux* : Rincez, mais pas à coups de seaux d'eau... Aspergez doucement... *(À Franchi :)* Et de l'eau glacée, les brutes. *(À la coulisse :)* Mettez un peu d'eau de fleur d'oranger, et brossez les pieds. De l'huile aussi, sur les écrous... Séchez les bois avec une serviette de laine. Quoi ? Au soleil ! *(Encore plus furieux.)* Portez les bois à l'ombre ou déchirez le soleil !

FRANCHI, *très doux* : Tu l'essuies avec des chiffons de laine ?

FERRAND, *très sérieux, regardant Franchi* : Elle peut s'enrhumer, choper des rhumatismes. Si le temps est à l'humidité — on ne sait jamais, un orage — je crains pour ses épaules.

FRANCHI, *toujours très doux* : Elle a l'air solide.

FERRAND : Rien d'aussi délicat que le solide et l'éternel.

FRANCHI, *avec un léger frisson* : Et dans la remise l'ombre est douce... comme ma peau...

FERRAND : C'est à l'ombre d'un jeune bois de lauriers qu'elle aurait droit. *(Soudain sévère.)* Cent vingt-sept !... Cent vingt-sept !... En dix ans, ça offre la cadence de douze par an, ou une par mois. Je dis une, j'aime mieux compter les têtes. Cent vingt-sept têtes d'un côté, de l'autre côté, cent vingt-sept troncs.

Abel vient de sortir. Les deux sentinelles, sur le chemin de ronde regardent au loin.

La nuit, quand je dors mal, au lieu de prendre du tilleul, je greffe : une tête à l'un, une tête à l'autre. Ou bien j'invente qu'au lieu de les avoir sectionnées en dix ans, je les coupe à la hâte, à la va-vite, je les débite, à la chaîne, et je les regarde sauter-bondir dans les mains de mes deux rosiers[1] rouges.

Il se retourne soudain, d'un mouvement brusque, vers la coulisse de droite, d'où sortent deux aides, vêtus comme lui, mais couverts de sang. Ils portent l'un des montants de la guillotine.

Doucement, messieurs, doucement… *(Ils s'écartent, de façon que les aides puissent planter ce premier montant sur l'échafaud. Écartant Franchi :)* Ils pourraient vous tacher. *(Narquois.)* Vous aussi vous avez de la tenue. Qu'est-ce qu'on utilise comme amidon pour vous empêcher de vous effondrer[2] !

FRANCHI, *très doux* : Oui. Dès que mon uniforme est froissé, je me sens un peu seul au monde…

FERRAND : Jusqu'à pleurer ?

FRANCHI : Non. *(Un temps.)* D'ailleurs, aujourd'hui on reçoit du monde. Il y a un arrivage. J'ai encore un peu raffiné sur les accords de blancs.

FERRAND : Du gros gibier ?

FRANCHI : On le dit.

FERRAND : Le fameux Forlano ? C'est lui ? *(Franchi ne répond pas. Reprenant.)* Oui, comme je vous le disais, c'est le seul plaisir que je me tolère. *(Regardant affectueusement ses aides qui sortent à droite.)* Mes rosiers, eux, c'est autre chose. *(Il rit.)* À peine le travail fini, ils s'amusent à tripoter un machin par-ci, machin par-là, retroussent les babouines… *(À la coulisse :)* Pas trop d'huile aux écrous — babouines du supplicié, dénoyautent une couille, dévissent un arpion… *(Dans un éclat de rire :)* Mes rosiers grimperaient la mort ! *(Les deux aides entrent à nouveau portant le deuxième montant qu'ils disposent, comme le premier.)*… Moi non. Pas un tracas morbide. Pas un. *(Grave.)* Et toute la haine pour moi. Je ne m'en plains pas, au contraire.

FRANCHI, *très doux* : Quand on a accepté le bagne, autant y sécher, pas y pourrir.

FERRAND : Ça, je me le suis dit. Comme tout le reste.

FRANCHI, *très doux* : Je comprends qu'on ne t'aime pas.

Les deux aides vissent les écrous, s'affairent, avec des gestes précis. Puis ils ressortent à droite.

FERRAND : Moi, je fais mon travail à la satisfaction de tous. Envoyez la vôtre, ou dites à ces messieurs, quand je fais glisser — quand je laisse glisser l'outil — qu'ils envoient une de leurs mains, la droite ou la gauche, la plus sensible, et qu'elle se pose sur ma braguette : calme. Mer calme. Mer sans écume. Pas de haine, ni de plaisir… *(Il s'interrompt et se précipite à droite : les deux aides apparaissent, portant le couperet d'acier, extrêmement luisant. Aux aides :)* Venez, mes rosiers. Mais faites doucement. Après vous irez vous laver. Le couteau, c'est moi que ça regarde. *(Il leur prend le couteau des mains, et, escaladant le praticable, il va lui-même le poser entre les montants, au sommet, de sorte que la guillotine est tout entière montée. Les deux aides, qui sont nu-tête, rient. Les deux sentinelles sortent, l'une à droite, l'autre à gauche, quittent le chemin de ronde. Ferrand frotte un peu le couteau, essuie un montant… Tout cela avec des gestes très minutieux. Puis il redescend. À Franchi :)* Je l'ai voulue rouge — et c'est moi qui l'ai barbouillée — pour qu'elle ait même dans la nuit sa ration de sang. Sur le sang, je pourrais vous parler pendant longtemps. Le sang…

FRANCHI, *l'interrompant, mais avec douceur* : Tu brilles trop, Ferrand. Une fois par mois, une fanfare te précède.

FERRAND, *avec rage* : Comme une femme, une fois par mois je lâche les écluses : le sang inonde des linges. Une fois par mois je suis intouchable. Je dispose de la mort. *(Encore plus rageur :)* Et c'est par là que je suis femelle ! *(Aux aides :)* Rosiers !

UN DES AIDES : Compris.

FERRAND : On va la pousser dans le coin le

plus sombre de la remise. *(Le chemin de ronde, qui ferme la scène, s'ouvre par le milieu, laissant apparaître un espace très noir. Les deux aides, arc-boutés, y poussent la guillotine, qui doit donc être montée sur des roues invisibles. Face au public, dans un grand élan tragique :)* Sans elle, il me resterait quoi ? Sans elle, je veux dire sans la mort ? Toute ma vie est en elle[1]. C'est vrai chef, je ne dispose, ici, que d'un secteur limité.

Tout en parlant, il reculait, presque en dansant, de telle façon qu'il entrait dans l'espace scénique découvert par le chemin de ronde entrouvert. La guillotine, poussée par les deux aides, en occupe déjà le fond où Franchi a suivi tout le monde. Le chemin de ronde se replace, comme au début[2].

II

Le décor formant chemin de ronde demeure en place, mais s'éclaire violemment. De la coulisse de gauche, et d'entre les portants de bois noirs sortent deux éléments de décors formant l'angle droit d'une construction blanche (chaulée). Cela doit représenter le coin d'un bâtiment, qui projette sur le sol une ombre très dure. Quand cette mise en place s'est faite — assez rapidement — deux soldats nègres, qui étaient comme accroupis sur le chemin de ronde, se relèvent en astiquant : l'un sa gamelle, l'autre sa baïonnette qui brillent, et sont très visibles[1]. *C'est alors que, venant de la coulisse de droite, et tenant ses sabots à la main, très léger, dansant presque, paraît Roger. Il doit avoir vingt ans à peu près. C'est un jeune bagnard, habillé comme les autres. Il est coiffé du grand chapeau de paille. Il se place face au public, presque adossé à l'angle du mur, pourtant il semblera s'adresser à quelqu'un d'invisible. Les Nègres ne s'occupent pas de lui.*

ROGER, *il étouffe un éclat de rire dans sa main libre* : ... sans compter les fleurs.

Il semble écouter, puis répondre.

… quelles fleurs ? *(Il rit.)* Des marguerites, des pensées, des anémones, celles qui sont faciles à fabriquer. Il me donne des perles qu'il vole, des perles de toutes les couleurs. Je les enfile dans un fil de fer et je fabrique des marguerites en perles… *(Un temps. Il semble écouter.)*… Non. Mais, pour être sûr de gagner sur tous les tableaux, je récite mon chapelet : à chaque perle un Je vous salue Marie. *(Il rit.)* Quand j'ai fini un bouquet, j'ai le ciel pour nous… *(Un temps.)* Oui, j'en offre la moitié pour toi… *(Il rit. On entend tousser, et la toux, très rauque, vient de derrière le mur blanc.)*… si la Sainte-Vierge n'est pas une ingrate, qu'elle m'envoie une de ses roses !… *(Un assez long temps. Il rit. On entend encore la même toux et un raclement de gorge.)*… Oui, il m'en a travaillé une paire *(il regarde ses sabots)*… Je les tiens à la main, j'ai peur de les déchirer quand je marche avec, c'est de la dentelle[1]. Je ne peux me balader que sur mes pieds nus, ou me laisser porter sur un tapis de poussière… *(Il rit et écoute.)*… Qui fait la poussière ? Tout l'univers s'en occupe. J'avance en douce, chaque pied sur son petit nuage… Prudence !…

À peine a-t-il murmuré ce mot qu'il disparaît par où il était venu. Sur le mur de ronde, Mockri et Black, les deux soldats nègres qui étaient accroupis, se sont relevés, tout en astiquant gamelle et baïonnette qui étincellent.

BLACK, *astiquant sa baïonnette avec un chiffon* : Le soleil brillera, dardera, été comme hiver, aujourd'hui comme hier, d'un éclat sans pareil. Ses rayons sont des flèches. Je sèche jusqu'au sang des veines et j'aveugle les aigles ! *(Il rit. Il a dit d'ailleurs cette tirade dans un grand rire.)*

MOCKRI : Moi, je brique en rond. Je n'ai pas trop de toute ma patience…

BLACK, *emphatique* : Ma flèche est un rayon de l'astre. Je vise à la tempe. Ma décision ne pardonne pas. Je vise juste, et c'est une insolation de plus à mon tableau de chasse. *(Il éclate de rire.)*

MOCKRI, *grave* : Tu ne foudroies que les hommes.

BLACK, *étonné* : Que les hommes ? *(Soudain furieux :)* Faut bien puisque les chouettes, les chauves-souris, les chacals, ne sortent que la nuit, faut bien puisque les autres vont à l'ombre ! Et pourquoi pas, puisque je suis méchant ? Toi, tu astiques la lune !

MOCKRI, *doux* : Si on veut. Je l'ai touchée, ma gamelle neuve, au magasin, le jour de mon arrivée, et c'était la nuit. Deux fois par jour je mange dedans ma barbaque et mon rata, mais elle restera neuve. Elle fera mieux : à force de l'astiquer, j'espère lui faire remonter sa jeunesse plus haut et qu'elle brille comme la première lune le premier soir du monde.

BLACK, *féroce, montrant sa baïonnette* : Ça c'est un vrai rayon, venu du vrai soleil dans ma main de fer. Ça brille et ça tue. *(Il rit méchamment.)* Toute ma force — celle qui est dans mes cuisses, sous ma culotte et dans mon torse — passera dans mes bras. Si la chaleur écrase le bagne... *(il s'interrompt pour regarder la cour, c'est-à-dire la scène)*... où est passé le petit forçat qui était venu apporter des mégots au vieux?

MOCKRI, *sans regarder, sans interrompre son travail* : Il va revenir. Il a entendu un gardien s'approcher. Il s'est abrité derrière le mur.

BLACK, *enchaînant* : ... si la chaleur écrase le bagne, si ce soir les puits sont secs, si demain le sang coule du nez de quatre ou cinq crevés d'insolation, c'est à ma puissance d'astiquage qu'on le devra.

MOCKRI, *regardant vers l'intérieur des murs* : Ça bouge, là-dedans. Ça grelotte. *(Il rit.)* Ça frissonne. Là, tes rayons n'arrivent pas : c'est l'humidité, la nuit, c'est la crève et ça me regarde. *(Black rit en même temps que Mockri, d'un rire énorme.)* Et ça remue... mais lentement, ça risque de se cogner aux murs... c'est aveugle comme une taupe... ça crache!... ça envoie sur les murs et au plafond des giclées sanglantes, et c'est son ciel!... *(ils rient encore)*... ça essaye de s'oublier... ça essaye de ne pas s'oublier... ça pisse dans un coin, ça chie sans le savoir... ça crève au ralenti... *(ils rient)*... ça tremble vertical, ça tremble horizontal... et ça caresse sa tinette à merde!...

Cependant, vif, léger, prudent, Roger, ses sabots à la main, est revenu au même endroit. Silencieux, les sentinelles astiquent sans s'occuper de lui.

ROGER, *il a d'abord un rire très clair et très doux :* ... le temps de laisser passer deux anges et d'aller pisser loin de ta fenêtre... *(il semble écouter, puis il rit)*... la nuit, non, personne ne m'approche, personne ne me touche, même pas le drap. Personne sauf toi... *(Il écoute, il prête l'oreille.)* Comment tu t'y prends ? Tu dois le savoir : tu traverses ta porte ou ton mur, la nuit, tu traverses les cours, tu passes au travers des Nègres et de Marchetti, tu passes entre les barreaux de mon box et tu te couches à côté de moi. *(Il rit.)* Ma cuisse et mon épaule ont reconnu les tiennes.

Il semble écouter, mais soudain on entend s'approcher des pas rythmés. Très vite il met ses sabots, il se découvre, sourit à la coulisse, se recouvre. Les pas s'éloignent. Les Nègres éclatent de rire. Il reprend ses sabots à la main :

... C'est Marchetti qui passait avec une corvée. Ils reviennent de combler la fosse de Stoclay[1]... Tu as dû entendre les tambours. J'étais à genoux au troisième rang et j'ai vu sa tête entre les mains d'un des rosiers de Ferrand... *(Un temps. Il écoute. On entend tousser.)*... Tu tousses comme si tu vivais en Belgique. Retiens-toi. Si les gardiens — ceux qui en prennent pour leurs bronches

— ne les suçaient pas jusqu'au bout, c'est des Valdas que je t'apporterais... au lieu de mégots... *(Il écoute et il rit.)*... Avec Marchetti on s'est échangé un sourire de travers... *(Il écoute et il rit.)* C'est logique : si je veux traîner à travers le bagne, je dois lui rendre deux ou trois petits services, et s'il veut que je les rende, il faut que je traîne... mais je ne moucharde que les cloches[1]...

Roger soudain se découvre et reste immobile. Il paraît inquiet. Venant de droite, passe le gardien, Laurenti. Il a le même uniforme blanc que Franchi.

LAURENTI, *sévère* : On échange des secrets ?

ROGER, *mal à son aise* : Je reviens de l'infirmerie. Je me suis blessé en étendant les chemises et les draps sur les fils.

LAURENTI : Mordu par une épingle à linge ?

ROGER, *souriant avec complaisance* : C'est venimeux, les épingles à linge.

LAURENTI : Et tes pieds délicats tu les enveloppes dans des sabots en dentelle. *(Dur.)* Tu ne veux pas que je te porte dans mes bras ? *(Sur un ton furieux.)* Qui a retravaillé tes sabots ?

ROGER : Ferrand.

LAURENTI : Ce sera les derniers. Dans l'arrivage qu'on reçoit aujourd'hui on attend Santé Forlano. Il vient de passer la porte du bagne et tu es déjà oublié. *(Méchamment.)* Plus de sabots en dentelle.

ROGER : Je les ai payés. M. Marchetti...

LAURENTI : Un bon mouchard ne prononce pas le nom de son employeur.

ROGER, *provocant, hausse la voix et la tête* : Il se trouve que je suis un bon mouchard. Mon nom et mon titre, d'autres aussi me les ont jetés, et ma tête et mes épaules sont fières d'en être chargées. *(Avec rage.)* Je ne plie pas. Si le roi des mouchards...

LAURENTI, *avec un dégoût excessif* : La reine.

ROGER, *d'une arrogance toujours plus grande* : Pardon, chef : la reine. Si la reine des donneuses ne portait pas avec elle sa couronne et son manteau bien visibles...

LAURENTI *l'interrompt* : Le long des murs il y a un ourlet d'ombre. Si tes pieds peuvent le supporter, marche dessus, mais vite... Contourne les bâtiments... ne coupe pas les cours en diagonale, mais fais avec les murs un angle droit. Ou c'est le mitard. Va étendre ton linge ou t'étendre sur lui, mais file.

De mauvaise humeur, Roger s'en va. Il quitte la scène à droite. À gauche sort Laurenti. Les deux Nègres rient aux éclats.

BLACK : Tu vois dans quelle humeur mon ventre — puisque c'est de mon ventre que sort le désespoir qui me donne la force d'astiquer le soleil[1] ! — dans quelle humeur mon ventre met deux hommes ?

MOCKRI, *riant du même rire que Black* : Tu as raison : il n'y a que la lune qu'on peut récurer comme ça, en rond. *(Il fait le geste de nettoyer le fond de sa gamelle.)* Et c'est bien de moi, de mon geste du bras droit, que vient le chagrin des nuits.

BLACK, *dans un éclat de rire* : Je suis aigu !

MOCKRI, *même éclat de rire* : Je suis rond !

Cependant que parlaient les sentinelles, les deux éléments de murs blancs constituant le décor ont pivoté et montrent alors l'intérieur du mitard. Les murs en sont tout noirs, comme goudronnés. Ils brillent. Rocky — il a à peu près l'âge de Ferrand, quarante-cinq à cinquante ans — écoutait, debout. Il est nu, mais autour des jambes et du ventre une couverture grise est enroulée. Le buste semble donc reposer sur un socle. Près de lui, il y a une tinette. Il frissonne, puis il s'accroupit et fait des gestes qui seront commentés par ce monologue.

ROCKY : Mégots !... Clops... clops parfumées !... Mais à quoi ? *(Il semble donc, avec sa main droite, défaire des mégots qui sont dans la gauche.)* Ça, c'est de monsieur l'Économe. Il y a laissé la trace de ses dents en or... Monsieur est nerveux... mordille ses cigarettes... *(Il fait le geste de prendre un autre mégot.)* Ça, c'est le surveillant Leduc. À peine humecté. Même le feu a des délicatesses et n'approche des moustaches qu'à tâtons... *(Un autre mégot.)* Toi, t'es le surveillant Fouine-merde. Tu m'apportes l'odeur de son blaze, mais j'ai le cœur en bronze si j'ai les poumons en éponge... *(Il tousse, et prend un autre mégot.)...* Oh, oh! à peine touché! Le gamin l'a cueilli avec ses dents entre les dents de M. Marchetti! Bon à chiquer! *(Il le roule et semble s'en faire une chique. Soudain, il se redresse et s'approche du mur, il écoute et parle d'une voix forte :)...* pas d'imprudence, je te l'avais dit. Si le chef te revoit sous ma fenêtre, je suis baisé. Et plus personne pour aller me cueillir des mégots. *(Il tousse.)* J'ai besoin de chiquer, ça me fait cracher. Dernier plaisir qui me reste. J'envoie des giclées sur les quatre murs de ma cellule et sur le plafond. C'est comme ça que je peux chanter sous un ciel étoilé. Ensuite, j'étudie les étoiles. Je tâche d'y lire l'avenir du monde. *(Avec un mouvement des épaules.)...* Ne me coupe pas la parole. Je sais ce que me disent mes étoiles. *(Renversé vers le plafond, il fait entendre un bruit comme s'il crachait, et le doigt tendu, il montre :)* Un astre nouveau vient d'apparaître... avec ses habituelles traînées de sang... avec les autres, avec les nébuleuses du mensonge et de l'ennui. C'est mon ciel où mon destin est bien écrit... *(Avec le même mouvement d'épaules que tout à l'heure.)...* Ne me coupe pas la parole... Depuis que j'ai appris à expédier mes mollards sur les murs et le plafond, je ne suis plus seul... Un ciel m'environne et j'y lis ma crève, mais aussi la tienne et celle de Ferrand... *(Il s'interrompt et écoute assez longtemps. Puis :)...* Lui? *(Il éclate de rire jusqu'à tousser.)...* Lui? Ce qu'on a fait pour venir ici n'intéresse personne. Tous égaux quand est passée la porte des sables. J'en ai connu des assassins : écartez le bruit, comme on écarte les branches, et c'est une misérable misère qui en regarde une autre. *(Il tousse.)* Ferrand, c'est avec mes armes à moi que je veux le combattre ! *(Il écoute, et furieux :)* Tu dis ? Ses armes à lui ? Sa machine en fer et en bois t'en impose, mais moi j'ai pour moi ma maladie. J'en suis sûr, elle va empuantir tout le bagne ! On va s'en souvenir du mal de Rocky, de sa crève et de ses mollards qui lui font une voûte céleste ! *(Il écoute.)* Tu dis ? Cause plus fort… *(il tousse)*… cause plus fort… ou va ramasser des mégots pour ma chique… *(Il écoute encore un moment.)*… Non, je n'en ai pas envie… pas aujourd'hui ! *(Affolé.)* Non, ni tes épaules, ni ton cul qui bougent n'y pourraient rien… Va le faire ailleurs si ça te démange, mais pas sous mon balcon… fous le camp !…

Il s'interrompt pour tousser. Le paravent[1] *pivote pour montrer l'extérieur de cette prison, comme au début de la scène. Les deux Nègres se sont redressés en hurlant et en riant.*

BLACK, *hurlant* : Du soleil !… Toutes les pointes dehors, Mockri, le gamin va danser !

Le paravent a pivoté. Roger se trouve debout dans l'angle, le chapeau et les sabots à la main, immobile.

ROGER, *doucement* : D'accord pour un pas de valse sous tes murs. Peut-être que ma chaloupée les fera bouger… Écoute comme c'est doux ! *(Il rit et commence à se déhancher.)* Je vais danser pour toi, Rocky... *(Il commence un mouvement de valse.)* Je danse pour toi, Rocky, je danse au soleil !

Il danse en effet en sifflant. Le décor blanc recule et rentre dans la coulisse. En dansant Roger fait la même chose. Cependant que les deux Nègres astiquent leurs arme et gamelle de plus en plus vite.

III

Le décor du tableau II a donc disparu. Les Nègres aussi. Il reste, au fond, le mur noir et le chemin de ronde. De l'angle obtus du chemin de ronde sort un escalier noir qui sera latéral à l'autre pan de mur. (On peut supposer quelques pierres du mur qui tout à coup font saillie pour former un escalier.) Puis, ce mur de ronde s'ouvre en deux : on voit alors trois fauteuils de bois rouge — un plus imposant au centre. Le Directeur, le Sous-Directeur et l'Économe y sont assis. Ils s'éventent avec de petits éventails. Le Directeur a un costume noir, cravate noire, souliers noirs. Les autres sont en blanc. À droite, c'est-à-dire près de l'Économe, sur une sorte de lutrin, il y a un énorme registre à couverture verte. Tout cela se détache sur un mur très blanc.

LE SOUS-DIRECTEUR, *comme s'il présentait un échantillonnage* : Choisissez : mousmé... señorita... marquise... vénitienne... Mme Butterfly, Carmen ou Manon[1]...

L'ÉCONOME, *hésitant* : Manon... oui, mais Manon, c'est pour le soir. Il faut un lustre.

LE SOUS-DIRECTEUR : Il est vrai qu'être Carmen dans cette chaleur! *(Il fait battre son éventail.)* Ah, l'œillet rouge, l'œil noir et le peigne de Carmen!...

L'ÉCONOME, *battant de l'éventail* : Il faut un lustre... pour être Manon, il faut un lustre... et mourir au bagne...

LE DIRECTEUR, *faisant bouger doucement son éventail* : Il me reste d'être une mousmé? Voilà donc, entre autres choses, en quoi le bagne me métamorphose. Pas moyen d'abandonner cet éventail, par le mouvement de mon poignet une jeune dame m'investit, et les journaux d'écrire que ce sont les bagnards les vraies victimes! *(Il soupire.)*... Mousmé! Aux chairs roses!... Cessons ce jeu... car... sait-on jamais...

L'ÉCONOME : Il n'y a vraiment rien à craindre, monsieur le Directeur. Votre grosse moustache...

LE DIRECTEUR : Vous n'avez jamais vu des mousmés à grosses moustaches? Il y en a.

LE SOUS-DIRECTEUR : Comment arrêter ce battement d'ailes, et mes cils qui battent au même rythme. *(Il s'éponge.)* Je fonds. Dans dix minutes je devrai aller tordre mes chaussettes...

L'ÉCONOME : C'est de la tête aux pieds que je suis humide. À tel point que, le matin, sur moi traîne un brouillard... comme sur un pré... en Normandie...

LE DIRECTEUR, *sec* : Monsieur l'Économe, il nous en reste à voir encore combien?

L'ÉCONOME : Sauf Forlano, tous sont passés devant vous, monsieur le Directeur. Ils étaient quatre-vingt-trois sur le bateau. Chiffre à peu près constant... Quatre-vingts... Quatre-vingt-dix par trimestre. *(Rêveur.)* On les tond, en ce moment *(il regarde sa montre qu'il a sortie d'un gousset)*... leurs boucles tombent, ou sont déjà tombées, dans leurs mains.

Un silence.

LE DIRECTEUR : Ne vous gênez pas : évoquez.

L'ÉCONOME, *gêné* : Je vous demande pardon.

LE DIRECTEUR, *jouant avec son éventail* : Si, si, racontez. Ça me fera prendre patience. J'aime attendre, d'ailleurs, par goût du théâtre, mais je ne déteste pas les récits bien faits[1].

L'ÉCONOME, *se décidant après une légère hésitation, et tout en jouant avec son éventail* : Ils s'agenouillent pour qu'on les tonde. Le coiffeur — c'est Sposito, tueur d'un agent de change — le coiffeur a ses fantaisies : la plupart du temps il passe la tondeuse en croix, ou bien il dessine d'abord une calotte, comme à un moine, et il tond la frange en dernier. Il s'amuse, en somme. Les choses tombent par terre, et ces messieurs les ramassent avec mélancolie... *(Silence.)*

LE DIRECTEUR : Votre histoire est si triste qu'on dirait qu'il pleut, et ça nous rafraîchit. Dites la suite.

L'ÉCONOME : Ils volent une ou deux boucles de leurs cheveux qu'ils cachent dans leurs poches.

LE SOUS-DIRECTEUR : La tenue de forçat n'a pas de poches.

L'ÉCONOME : Officielles, non, mais vingt ou trente secrètes. Ils y mettent les mégots, la monnaie, les photos, les couteaux, le plan d'évasion…

LE DIRECTEUR, *sec* : Le plan[1] va dans le cul.

L'ÉCONOME : En période de crise, sinon il est dans une poche. Avec la correspondance amoureuse, les poèmes, les cheveux, et le reste. La nuit, ils sortent la boucle dérobée et la peignent, la lissent, la lustrent et la rempochent.

LE DIRECTEUR : Vous les épiez ?

L'ÉCONOME : Je les invente.

LE DIRECTEUR, *avec un regard en coin vers l'Économe* : Je les reconnais. Vous en savez peut-être plus long que moi sur la rivalité Rocky-Ferrand ? Vous avez peut-être compris ce qui les pousse à se haïr, à se mesurer, à se toiser ? *(Il rit.)* Et comment tout ça va finir ? Hein, vous le savez ? Vous en savez long, sur la lutte du tubard et du bourreau ?

Un assez long silence, puis très agacé.

Mais qu'en font-ils ? On le traite comme un roi captif, ce Forlano. *(À l'Économe :)* Le grand Catalogue est prêt ?

L'ÉCONOME : Je l'ai fait préparer en cas. *(Il montre le registre vert. Soudain, d'un seul mouvement, les trois hommes tournent la tête, et regardent en direction de la coulisse de gauche. Tous les trois dissimulent le bas de leur visage avec l'éventail.)*

LE DIRECTEUR : Sur des escarpins vernis, ou des bottines à boutons ? Et son costume ? Prince de Galles croisé ou fil à fil bleu outremer ?... Et ses cheveux, plaqués ou en désordre, quand il saignait la vieille ?... Approchez ! On aurait dû attendre mon ordre avant de lui enlever ses oripeaux... Bonjour monsieur... *(Entre Forlano, encadré par deux gardiens vêtus de blanc. Il est déjà en costume de bagnard et il tient son chapeau à la main. Aux gardiens :)* Écartez-vous. C'est dans un vide solennel que je veux recevoir cet illustre assassin. *(À Forlano :)* Vous voici au bagne... *(Un temps :)* Oui ou non ? Vous avez sans doute pensé que vos assassinats vous tueraient. Non. Il va falloir vous donner encore un peu de mal, si vous voulez connaître la vraie mort... *(L'Économe et le Sous-Directeur font battre plus vite leur éventail. Un temps.)* À cause de votre jeunesse, on ne vous a pas exécuté. Souvenez-vous toujours de ce que vous lui devez : la bénir ou maudire, à vous de décider. C'est vos oignons. *(Négligemment :)* Avant vous, votre nom a traversé les mers. Les journaux ont raconté votre crime. Vous êtes célèbre... *(Un temps.)* Le bagne aussi. Il vous attendait... *(Forlano ne bronche pas.)*... Pas mal... Oui, pas mal, votre petite gueule... une modestie qui n'appartient qu'à ceux que la gloire ou la mort ont touchés... Si j'ai bien interprété ce que j'ai lu dans les journaux et sur votre personne qui est en face de moi et pas ailleurs, vous aviez décidé de faire de vous un petit chef-d'œuvre. C'est cela ?... Vous avez le regard idiot et profond des gens qui se savent menés, dressés par un dieu. Non, vous n'êtes pas très intelligent et vous vous en foutez, vous êtes grand. *(Il se lève. Le Sous-Directeur et l'Économe l'imitent.)* Ça, on va s'en rendre compte. C'est ici, chez moi, qu'il faudra manifester votre génie. *(Il s'approche de Forlano.)* Mon rôle, pour commencer, est de vous mettre tout de suite dans le bain. Approchez-vous. *(Il le prend par la main et le conduit près du livre. À l'Économe :)* Vous, commentez. *(À Forlano :)* Et vous, goûtez la récitation.

L'ÉCONOME, *après avoir ouvert le livre, à chaque photo il fait un commentaire. Le public devra très bien voir ce livre ouvert qui ne contient que des agrandissements photographiques d'assassins* : Vous avez ici la plus riche collection au monde de repris — de re-pris ! — de justice. Ils ont commis autant de crimes que vous…

LE DIRECTEUR, *l'interrompant* : Trop mou. Moi, je vais commenter… autant de crimes que vous, et de plus éclatants. Et comme ils ont payé, vous paierez… Penchez-vous. Vous avez peur ? Peur des photos, ou peur de vous voir ?… Feuilletez… *(Forlano tourne une page.)* Novak, Bruno. S'attaquait aux fermiers… *(Sur un geste du Directeur, Forlano tourne la page, apparemment indifférent, et il en sera ainsi jusqu'au bout des commentaires du Directeur.)*… Colonna. Il y avait — avait ! — toute une dynastie des Colonna. Celui-ci était — était ! — un des plus brillants. Cruel, intelligent… *(Forlano tourne la page.)*

Schaeffer. Il devrait vous plaire. Il avait votre âge quand un caïd l'a éventré... *(Forlano tourne la page.)* Delazinsky. Lâche. Abominablement ou admirablement. Tuait les enfants. Ou mouflets. Ou minos. La lâcheté vous séduit, peut-être ? *(Forlano tourne la page.)* Oléo. Vous êtes trop jeune pour vous le rappeler, mais il a été illustre. *(Forlano tourne la page.)* Agranate. Ne vous intéresserait sans doute pas : il empoisonnait. *(Forlano tourne la page.)* Nogaro. Vous savez lire, un règlement de comptes dans un port... Plus vite, tournez plus vite, je m'impatiente. Meskel... Rubio... Nicolaï... il y en a d'autres, vous voyez, plein le catalogue, et de plus beaux... Tous sont morts... Ce que je dis n'a pas l'air de vous intéresser? Vous n'êtes peut-être pas sensible au pouvoir des mots *(le Directeur va s'irriter de plus en plus)*... alors, venez... tous sont morts. Ou bien tentèrent l'évasion, ou bien... *(Il laisse la phrase suspendue, cependant qu'il prend Forlano par le poignet et le conduit doucement derrière le pan de mur qui est à gauche. Après quatre secondes, ils apparaissent sur le chemin de ronde. Alors qu'ils étaient invisibles, suivis des yeux par les deux gardiens, le Sous-Directeur et l'Économe, on entend le Directeur dire :)* Vous avez la main épaisse, pour une si fragile frimousse... *(On les voit apparaître.)* Regardez... *(Le Directeur indique à Forlano la coulisse de gauche.)* Toutes les robes sont pareilles, brunes et jaunes. *(Forlano regarde, comme fasciné.)* Les yeux sont les mêmes. C'est que le fils baise la mère, le père la fille, le frère la sœur, bref c'est l'inceste dont les humains doivent rougir et rêver. Et tous portent le même nom... Donc, je vous disais : ou bien tentèrent l'évasion, et ils furent dévorés par nos chiennes, ou bien... *(Le Directeur, toujours sur le chemin de ronde, conduit Forlano plus avant dans la coulisse d'où on entendra, sans voir les deux autres :)* Elle vous plaît ?... Elle vous paraît peut-être bizarre ? C'est que le couperet est enlevé. Il est la propriété personnelle de Ferrand — que vous connaîtrez — et qui le polit à l'émeri. Faut que ça reluise, son canif. Je reprends : ou bien, essayèrent de continuer ici... *(ils réapparaissent, mais sur le sommet de la partie du mur de ronde qui est à droite de la scène. Ils sont, pour cela, passés derrière le fond de la scène)* leur triomphe personnel, et Ferrand leur coupe le cou. Venez... *(Arrivé sur le mur :)* Nos guerriers nègres. *(Il rit.)* N'ayez pas peur. On ne vous offre pas en présent, mort ou vif, à des divinités. Ce sont de braves sentinelles. *(Il montre la coulisse de droite.)* Elles épaulent, visent et tirent. Elles sont sans pitié. Elles ignorent le français et croient que vous avez essayé de séduire une des femmes de notre président de la République. Elles gardent le bagne, et ça... *(Il montre le fond de la scène, au loin.)* Pas un nuage ! Le soleil va tomber brusquement, et ce sera la nuit... Si vous étiez venu en touriste ce serait moins beau — regardez ! — le désert est là, pour vous ! C'est vous qui le justifiez, c'est votre charmante personne. Regardez-le. Faites-lui cette politesse.

(Soudain grave, et après avoir lancé son éventail à l'Économe.) On prétend que vous êtes capable de relever un défi. Ces messieurs, de qui vous avez vu la binette anthropométrique, ont essayé d'être les plus fortiches. *(Il crie.)* Écoutez-moi, et ne vous évadez pas dans l'indifférence ! Vous aussi vous allez essayer de savoir si vos pouvoirs sont plus forts que le bagne, c'est-à-dire que moi ?... Vous n'êtes pas bavard ! Cela vous irrite de me voir capable de m'exprimer posément ?... Vous vous dites que j'ai la chance d'être le maître de mon temps, donc de mon langage ?... *(Il s'énerve de plus en plus :)* Le président de la cour d'assises devait parler comme moi, et l'avocat général : c'est que ni eux ni moi ne sommes des coupables... Vous pensez que je divague ?... Que le soleil est responsable ?... *(Il a un soudain frisson dans tout son corps, et, tourné vers l'Économe :)*... Ça y est, il est tombé. Préparez mon châle. *(Tout en descendant l'escalier dont j'ai parlé plus haut.)* Il faut se dépêcher, la nuit vient. Je risque la crève si je reste à la brune. *(À Forlano :)* Vous, vous êtes jeune, et déjà repéré par Dieu. Et vous pensez que ma royauté sur des morts me permet l'éloquence ? Puisque vous êtes malin — vous jouez au malin — vous allez essayer de me désarçonner, de me contredire... Vous allez tenter votre chance, mais je suis là, ne l'oubliez pas, je suis là pour vous contrer, et pour commencer, puisque je suis le maître, je prends prétexte d'une révolte sur le bateau qui vous a amené ici, et dont je vous

veux responsable, pour vous envoyer tout de suite en prison : car ici, dans le bagne, il y a encore un autre bagne. *(Aux gardiens :)* Emmenez-le au mitard jusqu'à nouvel ordre !

> *Les gardiens se saisissent de Forlano — chacun par un poignet, et l'entraînent à droite. Le Directeur s'enveloppe frileusement dans le châle que lui tend l'Économe, et qu'il a ramassé sur l'accoudoir du fauteuil directorial.*

LE SOUS-DIRECTEUR, *admiratif* : Vous, au moins, vous ne songez pas à vous ménager. Vous êtes un grand, un très grand ténor, mais jamais cette petite brute ne le comprendra.

L'ÉCONOME : Le voyage, en général, ne les arrange pas.

> *Quand Forlano est sur le point de sortir de scène, à droite, il se retourne.*

FORLANO : Monsieur le Directeur...

LE DIRECTEUR, *étonné et irrité* : Eh bien ?...

> *Forlano, forçant sur ses jambes, lâche un pet qu'il continue avec sa bouche.*

FORLANO : C'est moi qui passe[1] !

LE DIRECTEUR, *hurlant* : Au mitard ! Mais d'abord conduisez-le à M. Marchetti, et qu'il s'en occupe !

> *Forlano est sorti avec les gardiens. Les deux branches du mur se rapprochent pour former*

l'angle obtus du début, cependant que l'escalier s'est escamoté. Les ombres changent de direction. En haut du chemin de ronde, viennent de s'élever trois guérites où veillent trois sentinelles noires. Elles ont une mitraillette à la main et surveillent : l'une ce qui est censé être le désert, et les deux autres le bagne.

KOMAC, *surveillant le désert* : Mes camarades *(d'une voix sourde)*, le rose vient d'éclater !...

MOKA *et* TEROR, *ensemble* : Oh !

KOMAC : ... d'éclater !... il libère un bouquet vert !... *(Un temps.)* le vert se déchire, écume... et derrière c'est une grande nappe mauve... sur la nappe un couvert — cristal et vermeil — dressé où viendront bouffer les abbés... Oh !... le mauve s'effiloche, écume, et dessus c'est le noir...

TEROR, *sec* : Il n'y a pas d'abbés dans le ciel.

KOMAC, *même ton* : Les couleurs m'emmerdent. J'aime la musique. Je voudrais danser...

TEROR, *sec* : La nuit vient ou ne vient pas ?

KOMAC, *même ton* : C'est le noir. Je ne distingue plus que, ajourée, gothique, la carcasse des bandits évadés, morts de soif et de faim, privés de framboises, privés de groseilles, leurs os nettoyés par les hyènes. Le désert est vide, comme les squelettes.

TEROR, *sec* : Est-ce que quelque chose bouge ?

KOMAC, *après une hésitation* : Rien.

TEROR : Les étoiles ?

KOMAC : Immobiles.

TEROR : La lune ?

KOMAC : Immobile. *(Un temps.)* Et vous, de votre côté, qu'est-ce qui se passe ? Je ne peux pas quitter des yeux le désert, j'ai déjà ma charge d'émeraudes, de perlouzes. De votre côté ?

MOKA, *regardant du côté de la salle, qui est supposée être le bagne* : Encore rien. Le bagne est assoupi. Il couve. On va se marrer. De l'œuf va sortir un nœud de serpents. Y aura de la musique et de la danse. Rigoler — rigoler on va rigoler et tout on va te le raconter. Les portes des dortoirs ont été verrouillées... Chaque bagnard est dans son box, au pied de son matelas... il enlève sa limace[1], l'accroche à un clou, un clou planté là exprès dans l'épaisseur de la cloison et tout nu, comme un ver, il se couche...

KOMAC, *sans quitter des yeux le désert* : Et qu'est-ce qu'il fait ?

MOKA : Semblant.

KOMAC : Comme d'habitude. *(Un temps.)* Et comme tout le monde.

MOKA, *blasé* : Tous les soirs c'est pareil, et ça m'ennuie. Ce qu'ils font c'est trop petit... c'est trop lent. Je ne vois que des détails, et jamais l'ensemble.

KOMAC : Ils ne se font vraiment pas beaucoup de mal. Moi qui aime tant rigoler...

FUROR, *regardant d'une façon plus aiguë* : C'est le moment : Black et Frisson sont de ronde avec M. Marchetti : c'est eux... c'est bien eux... ils traversent la cour du Sud... Oh le joli cortège !... D'abord deux gardes en culottes de satin bleu et bas de soie jaune...

KOMAC : Tu déconnes !

FUROR, *sec* : Comme toi tout à l'heure avec les lampadaires dorés, les couverts de vermeil. Si tu veux la vérité, la voici : Marchetti accompagne Santé Forlano. Black et Frisson les suivent porteurs de mitraillettes. Ils traversent la cour du Sud. Ils vont entrer dans le dortoir B. Forlano a l'air de s'en foutre.

KOMAC : Tu déconnes.

FUROR, *une main sur les yeux* : Il s'en fout. Et toi regarde le désert et contente-toi de mon récit. Forlano marche légèrement. C'est ce soir qu'on le baptise. Ils montent l'escalier du dortoir B... Ils ouvrent la porte... Les voilà dedans... Dans le dortoir tout le monde fait semblant de pioncer, mais tout le monde est impatient... Chaque bagnard va s'approcher de la grille de son box pour faire connaissance avec le nouveau[1].

Il se tait. Du fond de la scène paraît Marchetti. Trente ans environ. Très beau. Il conduit Forlano, pieds nus dans ses sabots, le chapeau à la main. Derrière viennent les deux Nègres, l'un tenant une mitraillette, l'autre une lampe électrique. À la fin de la scène précédente, les deux morceaux de mur de ronde ne s'étaient pas tout à fait rejoints, de sorte qu'entre eux il y a une sorte de fissure, un passage, invisible au public. C'est là qu'apparaîtra chaque bagnard — à tour de rôle — pour apostropher Forlano. Afin de donner l'impression de défiler devant les lits, le groupe marche sur place, sans avancer, imitant la marche. Quand apparaîtra un bagnard, Frisson l'éclairera avec sa torche électrique : le groupe alors s'immobilisera. Le bagnard s'étant retiré, le groupe reprendra sa marche feinte, dans une ombre approximative. Les Nègres garderont la main sur les yeux.

MARCHETTI, *poussant Forlano devant lui* : Va plus vite... *(Le retenant.)*... Va moins vite *(Trois fois.)*... Le bagne se vit sur un rythme à lui... Il y a encore des nerfs d'acier dans tes pinceaux...

Ils arrivent à la hauteur du passage entre les deux murs. Frisson y pose la lumière de sa lampe. Tous sont immobiles. Dans ce passage apparaît Funck, en chemise.

FUNCK, *regardant Forlano* : Salut ! *(Il pousse le cri de la chouette et il rit.)* Tu as une mère, toi, pas de doute, je la vois sur ta gueule. Rassure-la, ta mère qui est sur toi, ici il y aura tout ce qu'il faut pour la satisfaire *(immenses et nombreux éclats de rire en coulisse)*... à moins qu'elle soit goulue, goulue, goulue, des pères tu en auras des centaines... *(même rire en coulisse)*... mais dis à ta charmante mère que ta boule rasée n'est pas sexy. Une perruque, il lui faut une perruque, et je peux t'en prêter. La perruque, c'est mon hobby. Regarde. *(Il vient de prendre derrière lui une longue perruque qu'il pose sur sa tête, et il prend un air coquet.)* Fée, je suis fée ! C'est fait avec des vieux bouts de ficelle que j'effiloche, et mon entrejambe c'est pareil, mire... *(Il relève sa chemise et l'on voit une énorme touffe de ficelle effilochée.)* Si tu la veux frisée *(même rire que plus haut)*... tu me le diras, ou si tu la veux raide et lustrée... Oh que ta mère sera belle, avec ma belle ficelle!... *(Il rit et disparaît. Frisson a éteint sa lampe.)*

MARCHETTI, *à Forlano. Dans la demi-obscurité, le groupe — sentinelles, Marchetti, Forlano — marche sur place. Le visage de Forlano reste indifférent. À nouveau Frisson allume sa torche. Apparaît un autre bagnard* : Avance... encore...

PÉRITCH, *méchamment et très vite* : Que tu sois en une seule personne la Vierge et son chiard, on s'en torche. *(Méprisant.)* À bien te regarder tu n'es pas grand-chose, ni ça ni autre chose. C'est du mou... *(À Marchetti :)* C'est du mou, ton jésus, marquis, fous ça dans la tinette avec les étrons chauds.

Il disparaît comme le précédent. Même jeu de scène du groupe : il marche sur place, éteint et allume la torche.

MARCHETTI, *à Forlano* : Avance... avance encore...

Apparaît un autre bagnard.

GLOSTER, *une soixantaine d'années. Tout ridé. Enveloppé dans un drap comme dans un suaire. On lui suppose un corps énorme. Il tend la main comme pour toucher Forlano. Il parle d'une voix très douce et très mélodieuse* : C'est vrai que tu es mou, doux et tiède comme une merde chiée dans la minute. C'est vrai. *(On entend en coulisse des rires nombreux et très doux.)* Et c'est comme ça que tu nous plais. Fumante et belle comme la merde, lâchée par un surveillant-chef. Qui est venu te déposer devant ma porte ? *(Il hume.)* Houh ! Tu sens bon ! *(Même rire très doux en coulisse.)* J'aurais voulu voir se déplisser le cul qui t'a pondue... *(On entend un soupir très doux poussé par cent poitrines.)* Et puis après se replisser... *(Même soupir, Gloster disparaît. Frisson éteint sa lampe.)*

MARCHETTI, *à Forlano* : Avance... avance encore...

Même mouvement de marche sur place. Le visage de Forlano est toujours indifférent. Dans un grand bruit fait de nombreux cris, bondissant, apparaît un autre bagnard. Environ vingt-cinq ans, il est nu, mais tient devant son sexe sa chemise comme une serviette, des deux mains.

DE XAINTRAILLE, *d'une voix vibrante* : Moi, de Xaintraille, de noble famille, je te dis : ouvre ta gueule, que je la remplisse de mollards millénaires ! Ouvre. Ou comme tu veux, je me charge de t'en enduire de la tête aux pieds. Et tout luisant, gluant, poisseux, mouillé, radieux...

MARCHETTI, *à Forlano* : Avance... avance encore...

De Xaintraille disparaît. Le groupe marche sur place. Apparaît un autre bagnard.

LEROY, *en chemise, et très calme* : Alors, on est venu voir de près comme c'est fait, un forçat? On fait sa petite descente aux Enfers? On vient humer le roussi. Personne ici n'a fait mieux que toi, mais personne moins bien. On dit que tu nous arrives porté par un mât d'artimon, jeune envergué[1]. Si tu commences ta procession suivi par...

La lumière s'éteint sur le plancher de scène. Le groupe avance un peu, en direction du public, puis il s'immobilise, face au public. Sur le chemin de ronde, les sentinelles vont commenter une action invisible.

FUROR : Ils viennent de fermer la porte du dortoir B... Ils sont dehors, dans la nuit. Frisson et Black font semblant de les protéger avec les mitraillettes... mais toi, que dit la nuit, que dit le désert, les bornes signalisatrices à infrarouge, que disent-elles?

KOMAC, *regardant le désert* : Pas âme qui vive!... Comme la fourrure d'un chat, la nuit crépite d'électricité... Tout s'inquiète... Tout est pointe, acier... mais rien ne bouge. Il fait noir... Où en sont-ils?

FUROR : Nous traversons la cour du Sud. J'entends sous nos pieds le bruit du sable. Marchetti a posé sa main sur l'épaule du forçat la plus proche de lui... sa main se déplace et son bras entoure les deux épaules du forçat...

KOMAC : Tu déconnes!

FUROR : Nous approchons du dortoir C...

Marchetti fait tourner autour de son doigt la clé du dortoir... il met la clé dans la serrure. Bien huilée... bien huilée, la porte ne grince pas. Le cortège avance lentement, au son des orgues...

KOMAC : Tu déconnes !

Le groupe — Marchetti, Forlano, Black et Frisson — a fait demi-tour, et tout doucement, se met en marche tournant cette fois le dos au public. Arrivé à la hauteur de la fissure dans le mur de ronde, même jeu de scène que précédemment, à l'apparition de chaque nouveau bagnard. Mais le public verra toujours le groupe de dos.

[Fin du manuscrit 1, que suit l'édition publiée à L'Arbalète. La suite du tableau est tirée du manuscrit 3.]

FRIMAS[, *apparaissant*] : Avance à pas de loup et regarde ce qui se passe dans nos cellules la nuit : moi, j'élève des morpions. J'ai le plus bel élevage de la contrée. Je les croise, sélectionne et j'obtiens des produits rares, de très haute culture. Je les vends. Très cher : un salut cérémonieux accompagné d'un sourire aux bagnards qui veulent en emmerder d'autres. Ainsi j'ai tué. *(Un temps.)* Peu importe l'instrument. Ma victime est sous terre. Quand il pleut, évidemment elle est trempée jusqu'aux os. Elle a rendu l'âme à vingt-trois ans. Dieu que la vie est longue ! Chaque vie est une éternité !

FRISSON, *à Frimas* : Vous avez mal fait de tuer ce jeune homme.

FRIMAS : Très mal fait : donc j'ai bien fait.

FRISSON : Vous ne pouvez plus vous promener au lever du soleil sur les collines couvertes d'herbes.

FRIMAS : De personne je ne tirais ce salut cérémonieux et ce sourire que j'arrache aux bagnards qui ont besoin de morpions. Le frère de ma victime est là. *(Il montre un endroit précis dans la salle, parmi le public.)* Il me voit et il ne peut pas m'atteindre. Il rougit. Il serre les dents. Il mâche une marguerite.

Frisson éteint sa lampe. Obscurité. Frisson disparaît.

MARCHETTI, *à Forlano qui ne bouge pas* : Avance... Avance d'un cran.

RUSCH : On les a laissées sur le rivage, les femmes. On ne sait d'elles que les mouchoirs agités. Bon voyage mon homme mon frère, et ce qui nous arrive ici nous est envoyé par elles tout comme le reste, et si nous avons tué qui sait qui ? volé qui sait qui ? c'était pour quitter ce rivage, y laisser les femmes en plan et... Tes yeux ! Retrousse tes paupières ! Je veux voir tes yeux que j'invente.

Frisson éteint sa lampe. Obscurité. Rusch disparaît.

MARCHETTI, *à Forlano qui ne bouge pas* : Avance... Avance d'un cran.

MOCKRI : De ton côté, c'est déjà le jour ?

BLACK : Oui. C'est le jour d'hier. Forlano est

endormi dans sa cellule. Tout nu, accroupi dans un coin.

MOCKRI : De mon côté c'est encore la nuit d'aujourd'hui. Forlano continue sa promenade à travers les dortoirs du bagne.

MARCHETTI, *à Forlano qui ne bouge pas* : Avance… Avance d'un cran.

LIMBIANSKY : Ne l'écoute pas. N'écoute pas Rusch. Si la femme est absente, laissée là-bas, c'est pour mieux la créer à chaque seconde dans nos gestes et dans nos paroles. *(Dans un cri.)* Qu'elle apparaisse ! Qu'elle apparaisse ! Vivante, sortie toute nue et polie de ma bouche ouverte ! Forlano, tu as touché au monde féminin absolu, celui où tous les mâles sont *[un mot illisible]* parce que, sauf le curé, il n'y a pas une jupe. Mes victimes ? Où sont mes victimes ? Pas de victimes, moi, je suis le bagnard innocent…

Frisson éteint sa lampe. Obscurité. Limbiansky disparaît.

MARCHETTI, *à Forlano qui ne bouge pas* : Avance… Avance d'un cran.

NITRAÏ, *d'une voix douceureuse* : Tes yeux sont des yeux dont on crève, pas ceux qu'on crève. Tu dois savoir que les victimes sont d'une force effrayante. Elles ne meurent pas tout de suite. Elles ne veulent pas s'arracher de toi. Il m'en a fallu du travail pour me décrocher du footballeur que j'ai éventré dans les douches, mais maintenant il vit sa vie. Lui, d'un coup de pied, il s'est dribblé, hop ! et de lui-même il s'est envoyé au ciel. On achète des cartes postales où il a posé mort et *[un mot illisible]*. Moi, oui, je savais qu'il m'avait vu au vestiaire fouillant les vareuses : on n'avait pas le droit...

Frisson éteint sa lampe. Obscurité. Nitraï disparaît.

MARCHETTI, *à Forlano* : Avance... Avance d'un cran.

FOLK : Au nom du bagne et de ma mère tuée à coups de pieds par mes soins, moi je t'accueille. On t'attendait... Ma mère ? *(Il mime sa mère, très mondaine.)*... Onguent contre les gerçures — sur la commode... mon onguent contre les gerç... Fol... mais tu m'... Oh !... Oh !... mais tu m'... Quoi !... tu m'... tue... tu m'... Fol !... Oh !... Oh !... Oh !... Ah !... Ah !... Aïe !... ic... ic... Hou !... *(Reprenant sa propre voix.)*... On t'attendait comme on attend n'importe qui. Ici, n'importe qui peut entrer : gendarme, médecin niçois, menuisier, toscan, numismate, jaune, vert, effronté, timide, chauffeur de taxi de nuit, fort des Halles, doux menteur, pasteur, recteur, prosateur *[lecture conjecturale]*, auteur. C'est comme en somme la Légion étrangère. Santé Forlano, tu es chez toi.

Frisson éteint sa lampe. Obscurité. Folk disparaît.

MARCHETTI, *à Forlano* : Avance... Va plus vite !... *(D'une voix très brutale.)* Va plus vite !... Il y a longtemps que la promenade est finie. Le jour s'est levé. Va plus vite. Tu auras tout le temps de ramper au fond de ta cellule. Va plus vite ou je te botte le bas des reins et ma force est colossale !...

Le groupe formé par Forlano, Marchetti, Nestor et Frisson sort coulisse de droite...

[Dans la version du manuscrit 3, l'Aumônier assiste en retrait à la scène du dortoir et disparaît par la coulisse de gauche. Suit alors tout de suite le tableau de la buanderie. Dans le manuscrit 2 auquel nous revenons, le tableau du dortoir s'enchaîne avec le tableau suivant, celui des victimes.]

[IV]

[Nous empruntons à un manuscrit antérieur aux manuscrits 1, 2 et 3 une liste des victimes établie par Genet :]

LES VICTIMES

Un footballeur. Vingt ans. Très beau. Tué par un rival. Le mort est devenu un mythe auquel on rend les honneurs. L'assassin a maintenant quarante ans. Il l'a tué dans les douches. Il est vêtu *pour le match.*

Une riche veuve (de cinquante ans). Elle avait tué son mari, un jeune gigolo l'a tuée pour la voler. *Elle a ses voiles de dame.* [Tuée par] Roger.

Une gouvernante. Tuée par jalousie par un riche, moins de cinquante ans. La gouvernante a trente ans. Le vieux moins [de] soixante-dix ans. [Tuée par] de Xaintraille.

Une jeune fille violée. Elle a dix-sept ou dix-huit ans. Tuée (étranglée par Rocky). Il avait vingt ans. Il en a quarante. La fillette de dix-sept ans le regarde vieillir et tousser.

Un Nègre de seize ans. Tué par deux hommes blancs. Les deux hommes blancs ont maintenant cinquante ou soixante ans. Tué par Leroy et Funck (les ficelles). Le jeune Nègre est nu dans une couverture.

Une vieille femme de soixante-dix ans. Tuée par Forlano. Pauvre mais qu'il croyait riche.

Un pédé de cinquante ans. Tué par Ferrand. Quand il avait vingt ans.

[La liste ci-dessus était suivie d'un dessin de Genet avec cette légende : « Un panneau, ou un rideau, percé. Des trous sortent des têtes[1]*. »]*

Un bagnard, dont le visage est invisible du public, vient de la coulisse de gauche pour disparaître coulisse de droite, [il] traverse la scène en diagonale. Il roule une brouette. Dans la brouette, un balai.

LE FOOTBALLEUR, *ricanant* : Il n'a pas bonne mine… il est maigre… maigre !… On lui cache tout… jamais une coupure de journaux. Au bagne, c'est une cloche. Il ne sait pas que son assassinat m'a fait si grand ! D'habitude, c'est l'assassin que son crime grandit, cette fois-ci c'est le contraire. Un footballeur assassiné ! Je n'étais pas le meilleur, mais ma cote a monté en flèche… *(Il rit.)* Éventré dans les douches par un joueur, je suis entré chez vous tout nu, mouillé, tiède, les cheveux collés par le savon, le sang caillé — ça fait vite —, caillé dans mes poils, et depuis on vend des photos de moi, immense, splendide, marquant un but — et moi j'ai jamais réussi un shoot correct !... et au-dessus de moi, dans un coin de la photo, tout petit : lui...

Il montre le bagnard qui sort à gauche après s'être arrêté deux ou trois fois pour donner un coup de balai autour de la brouette.

LA VIEILLE : Ce Forlano, je ne le vois bien que maintenant. C'est un gosse. Quand il a sonné, j'ai ouvert et je me suis trouvée tout à coup au bord d'un précipice. C'était le vide de ses yeux. Il m'a fallu remplir tout ça. Eh bien, je crois, sans me vanter, que j'ai réussi : il a une tête, un visage...

LA VEUVE : Il vous a fait mal ?

LA VIEILLE, *elle rit* : Mais... qu'est-ce qu'il a fait, au juste ? Brusquement, il m'a fait changer de direction, il m'a braquée, rien d'autre. Jamais [je] n'aurais réussi à mourir toute seule, de mon propre mouvement. Je m'acheminais bel et bien vers l'éternité. *(Un soupir.)* Il n'y a que la jeunesse pour vous faire sauter les étapes.

LE PÉDÉ : Vous montrez beaucoup de philosophie. Moi, quand il m'a égorgée[1] avec son rasoir j'ai hurlé, griffé sa joue. J'étais prise de vertige comme une qui tombe d'avion et qui n'arrête jamais de tomber. Lui, il était toujours sur moi, un genou sur mon sein, et il tombait dans la même chute... *(Avec un frisson de plaisir.)* Il tombe encore, j'espère. Moi, j'ai touché le but.

LA VEUVE : Pour votre famille le coup a dû être très dur?... Vous trouver déculottée dans des draps sales...

LE PÉDÉ : Sur le moment. Mais si vite ressaisis. Ils ont soutenu que ma vie était pure. Du reste, les journaux n'osent rien écrire de vrai dans ces cas-là. La presse, en effet, doit pouvoir être mise entre toutes les mains. Ma famille a dit que j'avais eu un malaise et qu'un vagabond en avait profité pour m'achever. Oui, ils ont dit ça, aux assises !

LA VEUVE : Vous deviez être heureuse ?

LE PÉDÉ : Oh, oui ! J'ai toujours adoré les mensonges !... Et l'odeur du tabac anglais.

LA VEUVE : Comme moi.

LE PÉDÉ : Depuis, pour la famille, je suis le pauvre défunt...

LA VIEILLE, *montrant le jeune Nègre* : Parlez plus bas, il continue son rêve.

LE PÉDÉ : Qu'est-ce qu'il dit ?

LA VIEILLE : Il dit qu'*ils* savent. *Ils* savent qu'il est toujours assis sur *leurs* genoux...

LE PÉDÉ, *admiratif* : Ça va loin !

LA VIEILLE : Il dit : « Ils savent que je suis toujours assis sur leurs genoux. Sous ma perruque d'étoupe, Funck toujours aussi beau, et Leroy aussi beau que le jour qu'ils m'ont tué. Depuis qu'ils m'ont écrasé la tête à coups de talons et que j'en ai rendu l'âme, rendu le corps à la terre, je ne cesse pas de m'endormir sur leurs genoux, à ces deux brutes blondes. Et magnifiques. » *(Elle soupire.)* Il dit : « Quand je suis parti pour le Sud, ma mère, une Négresse, m'avait recommandé : "Quand un Blanc te parle, tu l'appelleras monsieur. Si un Blanc t'oblige à lui demander pardon, tu t'agenouilleras..." Ils m'ont tué parce que j'ai sifflé sur le passage d'une belle rousse, la femme de Funck... »

LE FOOTBALLEUR : Une raison comme une autre d'appeler la mort... de la mériter. Moi...

LA VIEILLE : Il dit : « Depuis qu'ils m'ont tué, je repose sur leur poitrine. Ils n'ont plus de haine pour moi puisque c'est moi qui leur ai permis de tuer un Noir. Et de ça ils en rêvaient depuis tout jeunes. Tuer un Noir ça voulait dire pour eux devenir définitivement Blancs... »

LE PÉDÉ, *bavant d'envie* : Il en a de la chance, le petit moricaud ! Moi j'aurais bien voulu être le lieu d'une pareille fête !

LA VEUVE : Vous n'avez pas eu tellement à vous plaindre ! La tête presque complètement détachée du tronc par un amant qui veut vos économies...

LA VIEILLE : Il dit : « Ils m'emmenèrent dans une grange, près du fleuve. Seuls tous les deux, Funck et Leroy, ils me firent en quelque sorte comparaître devant eux, représentant de ce Dieu : le Fleuve. »

LE PÉDÉ, *extasié* : C'était s'unir l'un à l'autre par le Noir !... C'était s'unir au Noir !... Dans la solitude d'une grange abandonnée ! Car ce gamin avait bien quinze ans, n'est-ce pas ? En somme, c'était un homme.

LA VIEILLE : Il dit : « La panique, non la peur,

s'empara de moi. J'allais participer à une fête blanche. À coups de poings, à coups de pieds, souliers ferrés, ils me défonçaient les côtes, la cage thoracique, le crâne... »

LE FOOTBALLEUR : Moi, quand j'ai expiré, je savais que j'abandonnais sur terre un homme qui serait vite ligoté. Lui... il est vraiment né de mon dernier souffle...

[V]

[Pour ce tableau V, qui ne figure pas dans le manuscrit 2, nous suivons le manuscrit 3.]

Le décor pivote à nouveau, montrant encore l'intérieur du cachot. Rocky parle avec le gardien Marchetti.

MARCHETTI, *souriant et d'une voix douce* : Couvre tes épaules.

Il esquisse un geste comme pour relever la couverture entourant les reins de Rocky.

ROCKY, *méprisant* : Comme les Anglais à Vichy, à Spa, à Baden-Baden[1]... Ce qui me reste d'intact, c'est mes épaules. Vous les cacherez quand Ferrand m'aura sectionné.

MARCHETTI : Pour commander les punis, j'ai besoin d'un gaillard, charpente soignée. Tu vas sortir. Dans la cour, tu seras le maître. Le coq. Je ne veux pas d'un coq enroué.

Il tourne autour de Rocky immobile comme autour d'une statue.

ROCKY : Pour le commandement, une voix rauque, c'est impressionnant.

MARCHETTI : Comme en amour. Mais une voix éteinte ne donne rien. Ton coffre est fêlé. Ça se décloue. Je veux un prévôt[1] solide, capable, d'un revers de sa patte, d'écraser la gueule du forçat qui chuchote, capable d'un coup de sabot, de casser le tibia de celui qui boite et dérègle la cadence.

ROCKY : Le tibia, qu'est-ce que c'est?

MARCHETTI : Un os.

ROCKY : Je casserai l'os. Ma couvrante, monsieur. Je la mets autour de mes reins, pour crâner. Jour et nuit. En face du bagne, je crâne. Seul dans la nuit, je crâne encore. J'ai beaucoup de défis à relever, surtout la nuit. Ne me demandez pas pourquoi. Les plis de la couverture sur les épaules, sur les bras me donneraient les mouvements d'un curé. Le haut de mon corps ne craint personne, ni la nuit ni le jour, mais le bas ne doit pas être exposé...

MARCHETTI, *il va examiner la paroi du décor comme s'il était myope* : Quand tu marches...

ROCKY : ... entravé par mes jupons massifs, je ne bouge presque pas. Sauf pour aller sur la tinette? Même pas. Je la tire sous moi et je m'assois. Ou alors je me donne la démarche pesante d'un empereur auguste ou d'un sultan guerrier. Comme ça... *(Il imite ce qu'il vient de nommer en faisant quelques pas.)* Mais plutôt je bouge à peine. J'avance le bras pour prendre ma gamelle, c'est tout. Quand je ne suis pas accroupi, je suis debout. J'écoute tourner la terre.

MARCHETTI, *examinant la paroi* : C'est pas seulement de la peinture, c'est de la sculpture ! Tout en relief.

ROCKY : Oui et non. En ce moment tout est solide, un certain jour, à certaine heure, ça se liquéfie et dégouline. Les murs, le plafond deviennent visqueux, tout fond...

MARCHETTI : Tu as tes jours miraculeux, comme Ferrand. Donc Forlano, arrivé hier, est déjà au mitard.

ROCKY : Qui ?

MARCHETTI : Forlano. Santé Forlano. Assassin. Arrivé hier. Envoyé au mitard d'emblée par le Directeur. Il a vingt ans. Plus beau que le petit mouchard qui vient danser sous tes murs. Je compte sur toi pour que la discipline soit comme je l'aime : sèche et brisante. J'avais pensé à Ferrand... *(geste rageur de Rocky)* mais *(sourire de malice)* Ferrand ne se laisse jamais punir. Donc je compte sur toi. Tout à l'heure, dans la cour du mitard, tu prends le commandement des punis. Fais-les marcher au soleil, crever entre les quatre murs blancs. Ne rien tolérer. Ni se moucher ni cracher. Tourner en rond sous le soleil. *(Il s'éloigne, coulisse de droite, mais avant de disparaître, il dit encore :)* Rien tolérer. Mais gueuler d'une voix furieuse les commandements : Une !... Deux !... Une !...

Deux !... *(Avant de disparaître, il semble commander une ronde de punis invisibles et c'est le mouvement de ses yeux qui donnera cette impression au public.)*

[VI]

[Nous revenons au manuscrit 2 d'où tous les tableaux suivants, à l'exception du tableau VIII, sont tirés.]

De la coulisse de droite, sort un élément de décor formant un angle droit. Comme tout à l'heure, il s'agit d'un bâtiment blanc, vu de l'extérieur. En avançant, il va dissimuler Marchetti. Cet élément pivote et montre l'intérieur[1]. *C'est la buanderie. Tendus le long de deux murs, des fils où sèchent des chemises d'homme, d'un rose délavé. Par terre, une corbeille pleine de linge. Devant la corbeille, Roger. Il est nu-pieds. Son pantalon est retroussé jusqu'au-dessus du mollet. Il regarde autour de lui, comme un marin, la main en visière sur les yeux, mouille son index, le dresse, et…*

ROGER : Pas une goutte de vent… le soleil est sec… la terre s'évapore… dans dix minutes la lessive sera sèche. Envoyez les caleçons !… *(Regardant coulisse de droite.)* Envoyez les couleurs !… Envoyez les liquettes !… Envoyez les tire-jus[2] !…

Jolies, les liquettes!... Rouges devenues roses à force d'être passées d'un corps sur l'autre, lavées à grande eau, séchées à grands soleils. *(Il s'accroche des épingles à linge aux oreilles, et il regarde les chemises étendues.)* Toutes, je dis bien, toutes, ont été taillées sur le même gabarit... plutôt massif, car l'Administration comme la populace suppose qu'un criminel est toujours un colosse. Ils le croient parce que l'image du criminel devient colossale, et c'est aux mesures de l'image qu'on taille la liquette... *(Il les regarde encore.)* Et pourtant, pas une qui soit pareille à l'autre : c'est que chaque forçat y a laissé sa trace : une échancrure aggravée, une manche déchirée... une tache ici et là...

Venant de la coulisse de droite, apparaît Stavros portant une corbeille pleine d'épingles à linge. Il a l'âge à peu près de Roger.

STAVROS : À ton tour d'étendre.

ROGER, *en souriant, il prend deux épingles à linge dans la corbeille et les ajoute à celles qui pendent déjà à ses oreilles* : Je ne peux pas. *On* veut caresser des bras potelés. *On* m'interdit les exercices de force. Épingles à linge, mouchoirs, caleçons, tire-moelle, ça fatigue. À la longue ça risquerait de me donner du muscle.

STAVROS, *agressif* : Moi c'est pareil. Béhanzin veut du tendre, pas du neuf.

ROGER, *riant doucement* : À quoi ça tient ? À la vapeur d'eau, à la chaleur d'étuve qui la fait ressembler à ce bain turc ? On a fait de la buanderie le bordel des pachas. Et vous comme moi vous êtes…

STAVROS : À ton tour d'étendre les tire-jus.

ROGER, *souriant toujours* : Il fait trop chaud et trop moite… pour que je devienne un homme. Je suis ici pour m'amollir, assouplir, adoucir, pour me délaver…

STAVROS : Fais comme moi : quand je pose une épingle à linge, je pense à Béhanzin, et toute la jeune fille qui voudrait quitter mon corps reste au bout de mes doigts — le pouce et l'index. Le pouce et l'index sont si délicats qu'à eux seuls ils sont toute la jeune fille. Une simple lavandière.

ROGER, *faussement étonné* : C'est vrai ? Mais moi je n'ai pas besoin de gestes de fée pour être fée.

STAVROS : Va étendre.

ROGER, *souriant toujours* : On dirait, par moment, que vous avez besoin qu'on vous respecte ! Moi, je suis au lavoir. Je dois me conduire honnêtement, et devenir brillamment — *(avec fierté)* voilà le mot : brillamment ! — ce que je me destine à être. Je vieillirai au lavoir. Mes doigts gercés seront ceux d'une vieille. Mais à soixante-dix-huit ans j'aurai dix-huit ans ! Cette petite gueule, ma gueule, sera ravagée, mais ravissante. Tout me sera permis.

STAVROS, *il s'approche menaçant* : À toi, tout est déjà permis. On sait pourquoi !

ROGER, *soudain extrêmement dur* : L'humidité me travaille. Dans ce hammam, tout mon corps s'adoucit. Je suis plus molle, plus inconsistante que la buée qui m'entoure, mais cette buée si douce, si pâle, si insistante qu'est mon corps, elle cache une lame...

RIVAL, *il apparaît, venant de la coulisse de droite, aussi menaçant que Stavros. Il a le même âge, à peu près, que les deux bagnards* : Oui, on est jaloux. Tu es la putain triomphante. On cherche à t'imiter.

ROGER, *net* : C'est vrai.

RIVAL : Mais si on n'arrive pas à devenir ce que tu es, tu vas devenir ce que nous sommes. Va au boulot.

Les deux jeunes forçats sont tout près de Roger — l'un à droite, l'autre à gauche de lui... — et leur attitude est si menaçante qu'il recule, et se trouve ainsi à côté de la corbeille à linge.

ROGER, *un ton de défi* : Vous n'os... *(Il se baisse, comme s'il plongeait, vers la corbeille à linge, et très vite il se couvre la tête d'un torchon, de façon à ressembler à une infirmière. Ainsi déguisé il sourit, provocant.)* Vous oseriez vous attaquer à une dame de la Croix-Rouge ?

Éclats de rires : ce sont les deux sentinelles noires, postées sur le chemin de ronde, et le groupe des victimes. Rival et Stavros paraissent stupéfaits.

Et comment on m'aime ? À la Bayadère ? *(Roger prend dans la corbeille un autre torchon, et il en masque le bas de son visage.)* À la Clarisse ? *(Il arrange le torchon de façon à ressembler à une religieuse.)* C'était les mousquetaires au couvent, acte deux. *(Il rit.)*... À la Vestale antique ? *(Il drape son torchon et ressemble à une dame romaine.)* À la Paimpolaise ? Mais il faut des rajouts à mes coiffes, mes filles. *(À l'aide d'épingles à linge, Rival et Stavros fixent chacun un torchon au torchon déjà posé sur la tête de Roger, de façon à simuler une coiffe de Bretonne.)*... À la Princesse lointaine ? Il faut des manches pagodes, allez-y... *(Toujours selon le même procédé, agenouillés devant Roger, Stavros et Rival lui mettent autour des poignets des manches dites pagodes.)*... À la Napolitaine ?... À la Mandchoue[1] ?... *(Chaque fois, les deux bagnards ajoutent, ajustent des mouchoirs, des torchons, des chemises... il lui font une traîne, et de plus en plus Roger est chargé de linges.)*... À l'infirmière ? Tendez votre annulaire, monsieur Marchetti, que je vous fasse un pansement. *(Entre alors Marchetti, venant de la coulisse de gauche.)*... Ou bien vous m'acceptez comme je suis depuis plus de mille ans : Roger la donneuse, adorable balanceuse, dénonciatrice des malheureux, vendeuse, bazardeuse des pauvres mecs, rasée comme quiconque mais secrètement brodée, emperlée, juponnée, parfumée, un rien fiévreuse, livrant un tel et un tel à qui me le demande...

MARCHETTI, *après avoir regardé toute cette comédie d'un air narquois il se tourne vers la coulisse de droite* : En l'honneur de qui ? *(Stavros et Rival se mettent au garde-à-vous.)*

STAVROS : On va tout enl...

MARCHETTI, *dur* : On ne pavoise pas ! Fi des drapeaux, des lampions, c'est des torchons, serviettes, draps, tire-jus, limaces et frocs que vous épinglerez. La fête, s'il y en a une, vous la mènerez la nuit, comme toutes les nuits. Toi, Stavros, attaque le fraisier[1]. Ton ventre, ta poitrine et tes cuisses sont un jardin potager, mais le dos, réserve-le à l'ornement : liserons et pervenches partant du cul vers les omoplates. Et toi, Rival, continue la nuit ton élevage de poux et de morpions pour en ensemencer le linge des punis. Mais la nuit. Le jour, étendez du linge et nib d'oriflammes ! En l'honneur de qui ?

ROGER, *souriant* : D'une vierge débarquée hier.

MARCHETTI, *lui souriant aussi* : C'est comme ça que tu fais sécher les torchons ?

ROGER : Le métier de femme use vite. *(À voix presque basse. Il va respirer de plus en plus vite et de plus en plus fort, soulevant ses lèvres.)* Et j'ai besoin de toutes mes forces pour travailler pour vous.

MARCHETTI : Surtout que je vais avoir besoin de toi. Mais je te fais confiance.

ROGER : Je suis une salope de naissance. Oui. J'ai des dons naturels, mais il m'a fallu les développer. Et encore maintenant, après tellement d'années de mouchardage, je me travaille encore ! Je me perfectionne[2]. Vous, vous ne vous rendez pas compte...

MARCHETTI : De quoi ?

ROGER : Des chutes possibles. Même arrivé,

même au point où j'en suis, je peux être tenté par la loyauté…

MARCHETTI, *avec conviction* : Salope !

ROGER : Vous avez raison, monsieur Marchetti. Mais vous voyez qu'il faut que je me garde, que je me surveille.

Le décor commence à pivoter, doucement…

MARCHETTI : J'ai besoin de toi. Je veux, dès ce soir, un motif pour envoyer Ferrand au mitard.

Le décor a pivoté de telle sorte qu'il cache tout ce monde, et il entrera dans la coulisse comme j'ai indiqué plus haut.

VII

Deux bagnards entrent, venant de gauche, portant une tinette très haute qu'ils posent assez brutalement au centre de la scène. Puis ils s'en vont, à gauche, en courant. Mais on entend la voix de Rocky en coulisse.

VOIX DE ROCKY, *mêlée à la toux* : Re-ve-nez !... Re... *(Les deux bagnards, en courant, reviennent se poser de chaque côté de la tinette.)* Re-pre-nez !... *(ils soulèvent la tinette)*... sans bruits : re-po-sez ! *(Ils reposent doucement, et s'en vont en courant, à gauche.)*

Entre alors Rocky, d'un pas très lourd, exagérément lourd. Vêtu comme tous les bagnards, le chapeau sur la tête, aux pieds des sabots. Nonchalant, il va s'accouder à la tinette.

ROCKY, *il tousse, et crache dans la tinette* : La journée du puni... commence par l'érection de la tinette au milieu de la cour du mitard, en pleine lumière. C'est là-dedans *(il semble en renifler sans dégoût l'odeur)* que viendront chier, en grimpant sur les anses, les punis. Si je veux bien. Peu de chose ils y poseront : quand on a bu dix centilitres d'eau chaude, dégluti un quart de navet, ce qu'on lâche par le cul déplissé est plutôt comparable à un faible et brutal jaillissement de lumière, pas de matière. D'ailleurs, notre corps de bagnard de moins en moins opaque, de moins en moins travaillé par le compact... *(Il crache et tousse.)* J'ai dit. *(Ses yeux vont de la coulisse de gauche à celle de droite, en passant au-dessus des spectateurs. C'est à ce mouvement du regard plusieurs fois répété qu'on doit comprendre qu'il embrasse son domaine.)* Qu'on m'écoute bien : je suis responsable de l'ordre ici. Ici : cour du mitard, prison dans la prison du bagne. J'en suis le chef... On m'a accordé les pleins pouvoirs, mais... sorti du cachot ce matin, et tubard — tu-bard — *(il tousse et crache)* depuis deux cents et quelques années, ma force physique n'est pas énorme... non... pas énorme. Quand j'aurai à intervenir pour rétablir l'ordre, donc, que chacun s'arrange pour se mettre à même de recevoir des coups, sans que j'aie trop à me déplacer... qu'il me tende ses fesses ou sa gueule, pour que je le botte, ou sabote, selon mon souci de justice. Mon poste, c'est ici, au bord de la tinette. *(D'une voix très sonore et très paternelle.)* Si quelqu'un a besoin, qu'il me demande, je répondrai oui... ou non. Selon mon caprice. Si c'est oui, qu'il ne dérange pas ma pose. Qu'il grimpe avec prudence... s'installe les pieds sur les oreilles*... qu'il ne bascule pas, et moi de l'aurore au crépuscule je reçois en plein visage le soleil, regardant monter de temps à autre les vapeurs... *(il tousse et crache)* la tinette!... elle est vide... sauf deux ou trois mollards hardiment balancés, elle est comme moi. Je sais... je sais que tout est mis en place, je le sais, en l'honneur de Forlano. Dès qu'il est arrivé, non seulement le bagne mais le désert, le globe terrestre, le globe céleste, les cieux — mon ciel et l'autre — ont changé de destination[1]. Lui, il est bien portant... il est jeune... son œil ne brille pas... il n'a pas la fièvre... dans sa cellule, il ne pense à rien... ni à moi, ni à personne. Il est probablement le seul parmi les bagnards qui ne commence pas la journée en refaisant avec une plus grande habileté le crime qui l'a conduit au bagne. Car c'est ainsi. Chacun refait le crime si habilement que le bagne et le procès n'ont pas eu lieu... *(il tousse, crache et ricane)* il faut bien réunifier cette journée par une feinte innocence, n'est-ce pas? Forlano, non. Il est beau comme vous le savez sans doute... les journalistes ont parlé de lui comme d'une reine, ou d'une souveraine... il a su se faire une place au soleil de la gloire. On m'écoute, ou bien... on ne m'écoute pas? Moi aussi j'ai eu ton âge, Forlano! Et ma victime a accouché d'un fils qui était aussi beau et aussi terrible que toi. Je parle... il y a bien des

* Les anses — ou oreilles — de la tinette, on l'a compris.

siècles… marchez en ordre !… Je ne parle pas aux punis, qu'ils n'écoutent pas ! Bagnards, marchez au pas… les bras croisés… les pieds en plomb, la cervelle vide… Dans le fond de ta cellule, Forlano, tu as tout ton temps pour m'écouter, et tout le silence qu'il faut, mais tu as aussi des milliers d'années, à toi pour écouter celui qui est en toi et qui a commencé à me ressembler. Te voilà parti vers ce que je suis… *(Il semble oppressé, il crache et tousse, et crache.)*… Ne va pas trop vite… marchez plus vite, vous autres !… ne va pas trop vite, Forlano… assassin aux belles dents… ne va pas trop vite… il faut qu'on se rencontre… *(Il se lance.)* Toi dans la forme que tu as maintenant et moi dans ma splendeur de midi… Ne va pas trop vite… *(Il paraît somnoler quelques secondes, puis, se réveillant.)* Un !… Deux !… Un !… Deux !… Quoi ? *(il enlève d'une main la courroie de cuir qui lui tenait lieu de ceinture, et de l'autre main retient son pantalon)*… jamais une allure nonchalante, jamais une cadence brisée… Si je suis là, c'est parce qu'en haut lieu on connaît mon goût de la perfection… Ah, avoir un métier !… mais si je ne connais que l'art de commander, que j'aie le temps de le pousser à la perfection !… Que j'aie le temps ! Discipline brillante, brûlante, nette, lisse… Que ça ne m'échappe pas !… Que rien ne m'échappe !… *(Sa tête retombe encore comme s'il allait s'endormir.)*

Funck entre à gauche, à pas de loup. Tenant serré son pantalon, des deux mains.

ROCKY, *se réveillant, furieux* : Non !

FUNCK, *soumis* : Pas envie... J'ai pas envie...

ROCKY : Non.

FUNCK, *d'une voix douce* : Non. Je venais t'apporter la bonne nouvelle...

ROCKY : Je la connais. Ferrand est au mitard.

FUNCK : Tu le sais ?

ROCKY : C'est écrit sur ta gueule.

FUNCK : Alors, je ne sers à rien ?

ROCKY : À détruire la cadence. Qui t'a renseigné ?

FUNCK : En passant devant la fenêtre du couloir, je l'ai vu à travers les carreaux. Il arrive demain, Marchetti l'inspectait.

ROCKY : Reprends ta place dans la ronde... et marche en cadence !...

Funck sort à droite. Rocky à nouveau, toujours appuyé à la tinette, semble s'endormir. Quelques secondes. Puis, sur la pointe des pieds, entrent six bagnards. Le chapeau sur la tête. Ils tiennent serré des deux mains leur pantalon, comme le font les clowns au cirque quelquefois, comme quelqu'un qui a perdu ses bretelles. Ils parlent à tour de rôle, sans que chacun quitte sa place.

[PREMIER BAGNARD :] C'est faux... Ce que dit le vieux con qui commande, c'est faux !... Refaire chaque matin le crime qui nous a amenés ici, et le faire réussi, ça servirait à quoi ? Je ne refais rien. Loupé. Est-ce que j'ai loupé ce que j'ai fait parce que j'ai été pris ? Depuis que pris, je veux avoir voulu être pris... Alors?... Qui marche sous le soleil sans s'arrêter jamais?... là, je continuerai à marcher sous le soleil...

[DEUXIÈME BAGNARD :] Oui, c'est ça... Je suis ressorti par la porte qui donne sur la rue... sortir par le jardin, escalader le mur m'aurait fait repérer... mais en sortant par la porte qui donne sur la rue, on ne m'a pas remarqué. J'avais un imperméable rose, comme tout le monde, et un dessous de plat à musique à la main comme tout un chacun, qui jouait le gai carillon... Donc, j'ai pu, tranquille, désinvolte, aller jusqu'à la gare où j'ai pris le train Katé-en-Brie — Long-Island via Port-Saïd. Ni vu ni connu je t'embrouille. Après...

[PREMIER BAGNARD :] Même mort, tourner au soleil, c'est mon destin. Voulu. Toute ma volonté tendue à me faire devenir, patiemment, le mouvement de rotation lui-même, débarrassé du forçat qui en est le sujet. Tout le bagnard que je suis s'évade de moi, de façon qu'il ne reste que ce mouvement de rotation, perpétuellement inscrit dans cette cour... sous ce soleil... Je tourne sans souffler...

Ferrand traverse la scène, venant de la coulisse de droite, il est conduit par Marchetti — qui le suit. Ils disparaissent coulisse de gauche. Un moment Ferrand s'arrête pour regarder Rocky endormi.

MARCHETTI : Va doucement. Surtout ne dérange pas la ronde.

Un temps.

FERRAND, *indiquant Rocky* : On a taillé dans le même morceau la tinette et le bas-relief. C'est avec tout le bloc que j'aurai à lutter? S'il se cramponne...

MARCHETTI, *hypocrite* : Tu seras sage... entre dans la chiourme...

FERRAND : J'aimerais mieux la cellule...

MARCHETTI, *dur* : Tu t'es laissé pincer. C'est à la ronde au soleil que le directeur t'a condamné... Va doucement. *(Il le pousse, et ils disparaissent.)*

[QUATRIÈME BAGNARD :] D'abord, il y a mes deux talons dans leur enveloppe de corne ; mes pieds — arpions —, mes doigts d'arpions, avec la crasse entre, mes ongles incarnés que j'arrache quand le moment est venu ; plus haut mes mollets, mes genoux, mes cuisses, l'entrejambe qui sue, qui pue, et plus haut, passons, passons vite, ma gueule... ma gueule, et ses rides, et la crasse dans les rides *(il les touche, les dessine du doigt)*, la forme de la lippe ; mon ricanement *(soudain très attentif)* voilà, c'est ici que ça commence, mon ricanement. Je pose la question comme doit être posée chaque question : pas pour une réponse tout de suite mais pour que la question me gêne... pour qu'elle m'épuise... pour qu'elle s'éternise dans les boyaux de ma tête... et mon ricanement, il me donne un certain air ? Il dit qui je suis ?... C'est grâce à lui que je me ressemble et que je ne ressemble qu'à moi ?... *(Il ricane avec complaisance, la bouche de travers.)* Ça c'est moi... et moi tout seul... *(Il ricane encore.)* Alors, d'où qu'il vient, d'où vient-il, mon ricanement qui me fait ne ressembler qu'à moi ?... *(Avec angoisse.)* D'où vient ma ressemblance ? Qu'est-ce qui l'a amenée et faite visible ? Qu'est-ce qui ne cesse de l'amener à être ce qu'elle est ?... Les rides autour de ma bouche ne sont qu'à moi. Mon cul à la rigueur, il est peut-être à tout le monde, mais là... *(il touche sa lippe)*... là je suis là, tout entier là, c'est moi tout seul en personne, là j'y suis seul, comme sur une île déserte, je suis abandonné, et fier. Unique... ce moi tout seul, sans personne, il vient d'où ? Où sa source ? Où sa racine ? Dans mes talons ? Dans mon ventre ? Ou c'est lui qui nourrit tout le reste ? *(Il touche encore ses rides, sa lippe.)* Mon rictus, ah, mon rictus ! C'est lui que je dois conserver, travailler, creuser, s'il est ma ressemblance. Il est moi tout seul, là... qui nourrit tout le reste, mes pattes et mon ventre, et qui me permet de tenir debout, de marcher jusqu'à la cuve, de savoir que je suis constipé ou relâché...

[Pas de transition de scène sur le manuscrit.]

ROCKY, *d'une voix grave* : Envoie !... Hop !... Envoie, je reçois... *(il prend une pose et tend les mains comme pour recevoir quelque chose, un ballon par exemple, qui arriverait de la coulisse de gauche)*... envoie ta mâchoire, elle se décolle. Une fois dans ma main, je te jure, tu ne connais pas les ressources de mes dix doigts, dont il ne reste que sept, trois sont partis en éclats — on a dû les retrouver au plafond, les ongles accrochés aux lustres — quand je dynamitais les banques du monde vivant. Tu ne connais pas la ressource de mes doigts, et une fois dans ma main ta mâchoire ou prothèse dentaire, ta mâchoire parlera mieux, m'engueulera plus sec et charbonneux qu'elle ne saurait le faire accrochée à tes gencives !... *(Il semble écouter.)* Bégaye... bégaye... ça donne l'impression que tu penses, et que tu penses vite et juste ! *(Il avance vers la coulisse de gauche menton en avant, cocassement.)*... Je n'ai pas dit que tu n'avais pas ton pouvoir, monsieur le Bourreau, mais ici, au mitard, la mort dépend — elle aussi ! — dépend de moi... Elle aussi *(il tousse)*, comme ma toux la mort fait partie de mes attributs d'autorité. *(Il tousse encore.)* Elle est à moi... elle est le signe que je ne suis pas n'importe qui, mais que je porte la mort dans mon coffre. *(Il tousse.)* Vous la reconnaissez. C'est la mienne. Et ma pâleur est à moi. Et mes bacilles. Je tousse *(il tousse encore)* comme un roi tonne, ordonne, administre et pète. *(Les deux bagnards entrent et emportent la tinette, à droite, comme si elle était très lourde.)*

⋆

[À la suite de cette dernière indication scénique, Genet donne le plan de la séquence suivante :]

Les Nègres se redressent et cherchent une chanson. La lune apparaît. L'un des Nègres parle à la lune. Puis la lune se déplace.

[Un peu plus bas, sur la même feuille :]

ODE À LA LUNE

La lune raconte le meurtre de Marchetti.

[Sur la feuille suivante figurent ces quelques indications sur les séquences qui devaient suivre :]

Colère de Ferrand
Bataille Ferrand-Rocky
Ferrand à son tour menace Rocky.
Mais Marchetti intervient.
Rocky s'accroupit, honteux, car il est faible.

[VIII]

LA LUNE, *un bandeau sur l'œil* : À n'en plus finir ! Mon rôle est d'allonger infiniment l'ombre immobile des objets. Elle s'inscrit dans la pâleur de ma lumière. Et ma lumière est ronde. Rien ne bouge... Sous mon œil la terre tourne... Le bagne vit en silence... Bien que sourde, ma lumière écoute... Elle est une immense vieille qui enregistre le bruit le plus sourd... Roger, la petite donneuse cueille... recueille... effeuille... à voix basse... Vu d'ici, le bagne a la douceur d'une taupe... Dans sa tombe Rocky crache... il pleure... il vieillit... Mon rôle est de confondre le temps, de confondre les nuits...

LE SOLEIL, *vaillamment* : Moi les jours de les nommer ! Chacun de mes rayons les marque, les précise, les anoblit. Aucun jour ne ressemble au précédent. Et chacun a son nom. Je suis rythme. Ma première flèche allume l'intelligence et — prodige ! — l'éteint du coup ! À partir de moi le bagne pense. Il se pense sans rêver. Il s'active vers le bagne. Je suis le soleil et j'astique mes flèches. Ferrand, je lui ai donné l'idée de rejoindre son atelier et de travailler à la forge. Coup de tringle : midi ! Le Directeur examine l'état des comptes que lui présente l'Économe. Un sou est un sou, un jour est un jour, aussi précisément. *(Triste.)* Et c'est déjà la nuit qui vient…

LA LUNE : Oui. Pour obtenir cette lumière toujours sereine — mais implacable —, je dois nettoyer ma gamelle. Toujours en rond… dans le même sens. Sinon je diffuserais une lumière trouble et j'enregistrerais de faux indices. Je dois être cette immense oreille qui entend les soupirs de Rocky… Je l'entends. Il crache… il se retourne… ses couvertures bougent… J'entends le pli qui tombe sur ses pieds sales… Rocky est appuyé contre le mur… il respire par le nez… l'air passe à travers les poils des narines… Personne ne cherche à s'évader… L'Aumônier s'étonne du sens du mot aumonière… Il a envie de pleurer… Il dit : « L'aumônier n'est pas le mari de l'aumonière, l'aumonière n'est pas… » Mon bras est las de nettoyer en rond ma gamelle, et la fatigue d'une nuit…

LE SOLEIL : Sonnailles, carillons ! Les fleurs se tournent vers moi. Elles me suivent du regard. Je nettoie le temps. Je m'oblige à scintiller. Le plus beau. Le plus beau jour de notre vie c'est aujourd'hui. Vers 8 heures du matin, cramoisi, apoplectique, un bagnard tombe. Je marque les jours comme je veux. Par un acte. Même la paresse est active. Ils le savent bien, les Nègres du corps de garde, que la paresse est active quand je darde. *(Il regarde son bracelet-*

montre.) À midi et demi le Directeur s'évente. Il digère. À 7 heures du soir, le soleil tombe,... en poudre...

LA LUNE : À la verticale aisance des cyprès j'oppose la confusion des lianes. On coule, on rampe. Les minutes, les heures se chevauchent. Le temps est élastique. Il s'étire, il s'allonge, il rétrécit. Mic-Mac. On fume. On bande. On somnole. Le courant électrique circule dans les fils qui ferment l'enceinte. Rocky vient de chier. Il s'accroupit dans son coin. Il sort sa main de sa couverture... il étend son bras... il touche le mur... il caresse le portrait parlé de l'assassin :

front moyen
nez moyen
bouche moyenne

Une masse d'ombre vient de s'ajouter à la masse totale des nuits. Cette nuit qui passe est à la fois toutes les ténèbres des Temps...

LE SOLEIL : Les jours passent et ne se ressemblent pas. L'Histoire s'écrit par journée, elle se décompte en jours *(dans un cri)* tous glorieux ! Ferrand forge une bague. À 10 heures il ira nettoyer le couteau, son outil, car demain matin : au travail. À 3 heures — 3 heures ! la lumière est triomphale. Le bagne tout entier sait qu'il s'est éloigné des rivages où la femme était puissante. Ici rien qui doive la rappeler. Jamais de baptêmes ni de mariages par l'Aumônier. Le jour est un mâle tout entier dans sa solitaire et stérile érection...

LA LUNE : Je suis toute la féminité absente,

laissée sur les anciens rivages, dit la nuit. Les forçats se coulent dans mon ventre noir, creux, plein, blême. Chaque nuit est engrossée. Les forçats oublient leur âge et leur agonie s'accélère. Rocky tousse... il crache, mais moins loin que la nuit précédente... il caresse le portrait de Forlano, un peu plus effacé...

LA LUNE : La nuit ouvre son cul immense où vient s'enfouir le jour oublié...

LE SOLEIL : Le jour.

LA LUNE : La nuit, dévoreuse...

LE SOLEIL : Un jour passe...

LA LUNE : La nuit demeure.

LE SOLEIL : Les jours passent.

LA LUNE : La nuit demeure[1].

[IX]

Toute une troupe de Nègres apparaît sur le mur de ronde. Ils chuchotent fort, de plus en plus fort.

PREMIER NÈGRE : Les verbes comme chou, genou, caillou, pou, mou, loulou, toutou, coucou prennent un *x* au pluriel et se conjuguent à l'instinctif absent.

DEUXIÈME NÈGRE : C'est pourquoi en l'observant de près nous arrivons à un langage précieux, précis, précipité ou non, encore que fastidieux à la longue et heureux.

TROISIÈME NÈGRE : N'est-ce pas, cher Théoclide ?

DEUXIÈME NÈGRE : Si, Alcide.

TROISIÈME NÈGRE : Car ces punis mal domptés se livraient un curieux et courtois combat. Ils parlaient beaucoup et d'une voix sonore.

PREMIER NÈGRE : La voix — et quelquefois de beaux yeux ! — c'est tout ce qui reste d'eux. Leur beauté, la force s'en est allée sous d'autres cieux, vers d'autres amours, avec les chaleurs et les ans. Ce que vous avez vu, c'est la faiblesse qui a pris corps.

QUATRIÈME NÈGRE : Vous avez dit : quelquefois de beaux yeux ! Oui, mais les beaux yeux des gardiens… *(Rires des Nègres.)*

DEUXIÈME NÈGRE, *malicieux* : Vous parlez de Marchetti ! Ah, ça, c'est de lui que vous parlez ! Qui, dites-moi qui lui a crevé l'œil ? lui a enfoncé l'aiguille ? Qui a achevé ?…

PREMIER NÈGRE, *l'interrompt* : Je parlais des punis : ne pouvant plus se battre, ils luttèrent d'une voix sonore, d'ici peu ce sera à voix basse… leur misère…

QUATRIÈME NÈGRE : Il y a qu'elle se déploie sous nos regards sagaces et sous nos armes. Marchetti est tombé devant la porte…

PREMIER NÈGRE, *l'interrompt* : Ah ! Du haut du chemin de ronde, j'ai été le témoin — lointain et impassible — des drames délicats que se livrent ces deux fantômes. Je sais qu'il leur arrive de croire mourir, ces fous, ignorant qu'ils sont morts puisqu'ils n'ont plus aucune sous-préfecture à revoir…

QUATRIÈME NÈGRE : Par plaisir, pourtant intellectuel, j'aimerais savoir pourquoi, ensuite comment…

PREMIER NÈGRE : Marchetti est mort ?…

DEUXIÈME NÈGRE : Chutt ! Chutt !

PREMIER NÈGRE, *riant* : Il faut arrêter ici votre bavard peu aimable car les ténèbres s'approchent, elles et les frayeurs. Nos camarades vont venir prendre votre place et surveiller la nuit du bagne et du désert. Vous ne voyez rien du côté des poudrières ?

DEUXIÈME NÈGRE, *après avoir regardé* : Rien, en vérité. Tout paraît calme.

PREMIER NÈGRE : La nuit descend. À la place de l'œil, ami, ayez un aigle. Et qui sache tout voir : sous une caisse, il y a peut-être un rasoir dissimulé, dans un sac de farine un briquet — amadou —, qu'est-ce qu'il y fait, derrière un arbre, pardon il n'y a pas d'arbres, mais le mot églantine prononcé à voix basse dans l'ombre d'un mur par deux forçats qui s'aiment, et dans le cri d'un chacal le regard de Dieu qui est un regard d'aigle…

TROISIÈME NÈGRE : Ces hommes sont méchants ?

PREMIER NÈGRE : Ils sont morts…

QUATRIÈME NÈGRE : Marchetti…

PREMIER NÈGRE : Est mort.

X

Les murs s'écartent. Sur une estrade, une table : nappe de dentelles, couverts d'argent, deux candélabres à cinq branches de vermeil. Un vase plein de fleurs artificielles. Face à face, c'est-à-dire de profil pour le public, le Curé — barbu — et le Directeur. Le Curé a revêtu son surplis. Le Directeur rote, rote, rote… Un bagnard, nu-pieds, les sert. Un autre avec beaucoup d'adresse fabrique des roses artificielles, en papier, qu'il place dans le vase.

L'AUMÔNIER, *après le rot du Directeur* : Qui dit le contraire ? Je le sais bien que la terre tout entière est pleine d'ossements *(il suce un os et se lèche les doigts)* et qu'un homme — je saurais même le dire en latin — os, poudre, poussière, sable ! — mais il y a une façon d'y parvenir…

LE DIRECTEUR : Du jus ? *(Il rote.)*

L'AUMÔNIER : Quand je suis à votre table — merci ! — je me demande si je suce un tibia ou mes phalangines ?

LE DIRECTEUR : N'aimez pas ? *(Il rote.)*

L'AUMÔNIER : Tous vos rots sont sur la même note. Vous rotez monotone. L'accordéon !...

LE DIRECTEUR : Roucouler la chansonnette ne serait pas d'un chef. *(Les deux coudes sur la table en regardant en face l'Aumônier.)* Vous exercez ici votre apostolat depuis... depuis... depuis... *(il cherche)* depuis... aidez-moi... depuis...

L'AUMÔNIER, *il prend la même pose* : Longtemps.

LE DIRECTEUR : Depuis longtemps. C'est cela. Et vous avez de temps en temps des bouffées nostalgiques. Mais vous, vous n'avez pas laissé au village, là-bas, laissé une femme, une maîtresse, ou celles des autres. La femme, en somme, vous la portez sur votre dos. Nous...

L'AUMÔNIER : Chanter messes, donner absolutions, pardonner péchés, administrer moribonds, bénir têtes coupées, corps courbés, vous croyez que j'aurais l'âme assez fraîche si je n'avais mes jupes ? Ma pensée courant après une femme laissée là-bas !... Mes dentelles, mes broderies, mes plis me complètent. Quand je passe ma robe ou mon surplis l'ange me visite. D'ailleurs...

LE DIRECTEUR : J'ai mon éventail.

L'AUMÔNIER : Ça ne vaut pas ma soutane. Par l'éventail, une dame vous investit, mais quelle imaginaire donzelle, quelle étrangère ? Moi, c'est autre chose : celle qui a suscité ma robe, et que ma robe habille, déshabille, elle est en moi depuis... depuis... depuis... aidez-moi... depuis....

LE DIRECTEUR : Longtemps.

L'AUMÔNIER : C'est cela. Depuis longtemps.

Les deux personnages se remettent à manger en silence. Les bagnards leur versent du vin. Ils mangent assez longtemps. L'Aumônier, apparemment inquiet, regarde sous la table, tendant son os à un chien invisible. Il resuce l'os et le remet dans son assiette.

LE DIRECTEUR, *la bouche pleine* : Vous n'avez pas un mot pour Marchetti.

L'AUMÔNIER : Il est déjà dans mes prières. Demain il aura son service funèbre. Vos roses en papier seront sur sa fosse. Le *libera me*[1] sera hurlé par la chorale...

LE DIRECTEUR, *il reprend sa pose : les deux coudes sur la table* : Moi j'ai donné des ordres : chaque bagnard devra soupirer très fort pendant l'enterrement. Le bagne sera soulevé par un immense et monumental chagrin. Joué, bien sûr, mais d'autant plus vrai. Les surveillants font répéter ces immenses soupirs. Les bagnards deviennent des soupirants. Personne n'a de chagrin, au contraire, mais tout le monde a l'âme assez vacante pour feindre un chagrin qui doit toucher ceux-mêmes qui ne l'ont pas. *(Un temps.)* Je songe à un chœur de pleureuses qui seraient tenues par les plus vieux forçats. J'ai même pensé à un bûcher... *(Dans un cri :)* On a assassiné le plus beau de mes gardiens, et vous voudriez que je conserve mon sang-froid ! Vous n'avez pas un mot contre son assassin...

L'AUMÔNIER : À l'aube j'aurai béni la dépouille mortelle...

LE DIRECTEUR, *hurlant* : Vous n'avez pas un mot contre son assassin !

L'AUMÔNIER, *calme* : Vous ne m'aurez pas à l'arraché. Forlano n'est pas l'assassin.

LE DIRECTEUR : Je dis que si.

L'AUMÔNIER : Non.

LE DIRECTEUR : Si.

L'AUMÔNIER : Non. *(Un temps.)* Ou alors je n'ai pas compris.

LE DIRECTEUR, *soudain intéressé* : Mais je vais répéter : Forlano était en cellule. Je vous remontre la disposition des lieux. Ici, Forlano. *(Il indique sur la table, mais de façon que voie le public.)* Dans la cellule à côté de la sienne, Rocky. Vu ? Dans l'autre cellule, près de Rocky, Ferrand. Donc, cet ordre : Forlano, Rocky, Ferrand. Il est minuit. Accompagné de ses Nègres, Marchetti fait sa ronde. À l'œilleton de la porte, ici, il colle son œil pour regarder, pour inspecter l'intérieur de la cellule de Forlano... *(Il se lève, et mime. L'Aumônier fait de même.)*

L'AUMÔNIER : Je sais la suite : Forlano qui avait réussi à passer en fraude une alêne de cordonnier, que fit-il ? Mais d'abord, qui avait craché dans l'œil de Marchetti ?

LE DIRECTEUR : Ferrand ou Rocky.

L'AUMÔNIER : Lequel ?

LE DIRECTEUR : Je m'en fous. Forlano enfonce l'alêne, crève l'œil, tue Marchetti !

L'AUMÔNIER : On ne tue pas un homme en lui crevant un œil.

LE DIRECTEUR : Un Nègre a pu achever Marchetti d'un coup de talon, mais le mal était fait.

L'AUMÔNIER : Marchetti a été trouvé mort entre la porte de la cellule de Rocky et celle de Forlano.

LE DIRECTEUR : On va mourir comme on peut et où l'on peut, monsieur l'Aumônier. On ne choisit ni son heure ni son lieu de trépas, croyez-moi.

L'AUMÔNIER : C'est ce que j'ai dit à plus d'un. Mais si vous prétendez que Marchetti est mort sur le coup, il devait tomber en face de la cellule de Forlano.

LE DIRECTEUR : Vous m'agacez. On a tué mon plus beau gardien !...

L'AUMÔNIER : Les Nègres, que disent-ils ?

LE DIRECTEUR : Qui a tué M. Marchetti, ai-je dit ? — « L'aiguille. » Moi : « Et qui tenait l'aiguille ? » Eux : « Elle venait du trou. » Moi : « Qui était dans le trou ? » Eux : « Quel trou ? » Ils doivent, entre eux, mourir de rire. Ce drame et ma perplexité étaient d'une drôlerie... Enfin, qui était-ce donc, le criminel ? J'ai accusé, cela va de soi, d'abord Forlano, puisque nous venions de savoir, par Roger, qu'il avait une aiguille. Forlano, il fallait s'y attendre, a nié. J'ai donc feint d'accuser Rocky : coup de théâtre, Rocky avoue être l'assassin. Verdict de mort instantané. Or, une heure après l'énoncé et la proclamation du verdict, second coup de théâtre : Ferrand s'accuse du crime. Parfait. Parfait pour lui ou pour moi ? Me voici donc avec deux coupables sur les bras et une seule victime. J'acquitte Rocky et je condamne Ferrand : coup de théâtre, Forlano s'accuse ! Quoi ? Trois assassins pour une seule victime ?

L'AUMÔNIER : Vous condamnez Forlano, pourquoi ?

LE DIRECTEUR, *découragé* : Ah, si je le savais ? *(Un temps.)*

L'AUMÔNIER : On dit qu'il est très beau ? Vous ne l'avez jamais vu ? Jamais ? *(Il rit.)* Je pense à ce que serait l'Église si le Christ avait été encore — et était encore — un affreux petit juif, chétif... rabougri... bossu... cul de jatte...

LE DIRECTEUR : Et s'il était beau comme... *(il cherche)*... comme qui par exemple, il se serait passé quoi ? Mais lui, il n'a pas commis de crime...

L'AUMÔNIER : Des blagues ! Pas de crimes, lui ! Et son suicide sur la croix qu'est-ce que c'est ?

Un temps.

LE DIRECTEUR : Vous voulez manger quelque chose ? Il faut attendre la matinée, l'aurore, et moi j'ai besoin de reprendre des forces. Je suis obligé de soutenir le bagne, de l'inventer seconde par seconde... de le mourir... de le nourrir...

L'AUMÔNIER : Vous vous donnez du mal.

LE DIRECTEUR, *comme exténué* : Un mal énorme. Il faut que le bagne soit toujours au centre du mal et que le mal soit en son centre. C'est calé, n'est-ce pas ? Que les bagnards poursuivent dans l'ennui et les emmerdements, une tâche aussi dure et aussi délicate que celle de vivre. Et surtout vivre comme ils vivent — ou meurent. Vous connaissez le raffinement de leurs manières. Le bagne, mais c'est la cour du Roi-Soleil en plein soleil et dans la mort. Chaque geste, chaque parole sont réglés afin que rien ne dépasse rien. C'est qu'un mot dit trop haut, s'il n'est pas soutenu par un prestige...

L'AUMÔNIER : Tout ce que vous me dites, je le sais. Ou sans le savoir, je le devine. À la messe, on me croit pris par le rituel, quand je regarde l'autel, mais mon dos enregistre tout : que chaque bagnard — mes ouailles ! — se touchent cérémonieusement les doigts à la porte de la chapelle, mais qu'en réalité, ils se passent en douce pas de l'eau bénite, mais des mignons, que les caïds, les costauds, au lieu d'aller à la messe vont jouer aux cartes dans les chiottes et se font représenter à l'office par une photo ou une caricature vite faite sur un bout de papier...

LE DIRECTEUR, *émerveillé* : Ils ont du papier !

L'AUMÔNIER : Vite faite sur un bout de papier. Chaque caïd a son mignon. C'est le mignon qui porte la photo ou le dessin du caïd, ou le dessin du membre viril du caïd. Une place sur le banc, près du mignon, est réservée au dessin. Le mignon l'incline au moment de l'élévation. Ah, moi, quand à genoux j'avale l'hostie, et que mes grosses godasses soulèvent les dentelles dans mon aube, elles en voient de belles, sous les dentelles, mes semelles !... Et dans la chapelle, debout, casqués, en arme, les Nègres voient tout, et la bouclent !

LE DIRECTEUR : Et moi... avec une feinte désinvolture, je dois porter le bagne, sans ignorer que je suis à la source de tout ce qui s'y élabore... veillée funèbre... *(Soudain éperdu.)* Seigneur, une bouffée de chaleur...

L'AUMÔNIER, *l'air amusé* : Vous craignez la chaleur ?

LE DIRECTEUR, *craintif* : L'éventail ! J'ai peur d'être obligé de reprendre l'éventail !

L'AUMÔNIER : Mais non... il s'agit d'un peu d'air frais.

LE DIRECTEUR : Venu d'où ? De quel éventail géant tenu par quelle géante ? *(Peureux.)* Reprendre l'éventail ! En qui m'investir ?... Manon ? Carmen ?

L'AUMÔNIER : Je suis là... Je vais prier... Je commence.

Un temps.

LE DIRECTEUR : Non... pas la peine... la fraîcheur revient...

L'AUMÔNIER : Et pourtant ce n'est pas encore le matin.

LE DIRECTEUR, *ils vont s'asseoir à la table* : C'est à l'aube qu'on le guillotine, et je dois être présent. Vous aussi. Oui, votre surplis est déjà passé… le crucifix dans la poche… Venez à table. On n'en est encore qu'au civet… au chant du coq… imité par le bagnard de service… Redites-moi encore ce que surprennent vos semelles cloutées pendant l'Élévation…

XI

La cellule de Rocky entre en scène, comme précédemment. Rocky est debout près de sa tinette. Il a les jambes enveloppées dans la couverture.

ROCKY, *à lui-même* : Tu veux mon portrait?... Tu veux mon portrait?... *(Il parle assez doucement, comme si les mots l'étonnaient, et il tousse.)* Tu veux mon portrait?... Tu veux mon portrait?... Il m'a dit : « Tu veux mon portrait? »... Quand j'ai jeté un coup d'œil par l'œilleton dans sa cellule, il m'a dit : « Tu veux mon portrait? » *(Perplexe.)* Qu'est-ce qu'il a, son portrait?... un nez, une bouche, des yeux...

Il fait quelques pas en retenant la couverture autour de son corps.

Pas même pouvoir mettre mes mains dans mes poches. Ça m'est refusé, jusqu'à ma mort...

Il s'approche de la paroi de droite et avec son doigt il essaie de dessiner un visage invisible.

Perez, lui il sait dessiner. Moi je sais écrire et compter. *(D'une voix très forte.)* Une !... Deux !... Une... Deux... Une... Deux !... *(D'une voix douce, presque tendre :)* Qu'est-ce qu'il a son portrait ? Un nez... un menton... un nez moyen... un menton rond... un front bas... bouche rose...

Il écrit d'une écriture invisible, mais le public doit reconnaître les mots dans le tracé.

nez moyen
menton rond
front moyen
yeux verts
bouche rose
Cou moyen[1]...

Et tout à l'heure Ferrand va le couper en deux. En deux moitiés inégales.

Mais Ferrand, venant de droite, est entré portant Forlano dans ses bras. Il est précédé de deux gardiens. Deux autres ferment la marche. Les deux gardes qui le précèdent se sont arrêtés devant l'angle du mur. Ils s'écartent devant Ferrand. Soudain, les deux pans de mur s'écartent : derrière, au fond, il y a la guillotine dressée, rouge. Une dizaine de bagnards sont agenouillés à droite et à gauche. Ferrand a juste le temps de serrer Forlano dans ses bras, que les deux pans se referment, avec un bruit sec, comme on le suppose d'un couteau qui tombe.

ROCKY, *hurlant* : Santé !

Les quatre gardiens ne bougent pas.
Apparaissent le Directeur et l'Aumônier.

XII

L'AUMÔNIER : Que peut signifier pour Dieu une pareille mort ? Une pareille vie aussi ?

LE DIRECTEUR : Heureux ceux qui meurent jeunes.

L'AUMÔNIER : Et s'il était maintenant à la droite du Père ?

LE DIRECTEUR : Dans ce cas, où irions-nous, nous ?

L'AUMÔNIER : Nous pourrions prier ?

LE DIRECTEUR : Monsieur l'Aumônier, telle que je la connais, l'âme de Forlano se démerdera très bien toute seule.

DOSSIER

CHRONOLOGIE
(1910-1986)

1910. *19 décembre.* Naissance de Jean Genet, à l'hôpital Tarnier, 89 rue d'Assas, à Paris, de Camille Gabrielle Genet et de père inconnu.

1911. *28 juillet.* Camille Genet abandonne son fils à l'hospice des Enfants assistés ; il devient pupille de l'Assistance publique.

30 juillet. Le pupille est mis en nourrice chez Eugénie et Charles Régnier, petits artisans du village d'Aligny-en-Morvan. Il y est baptisé le 10 septembre et recevra une éducation catholique.

1916. *Septembre.* Jean Genet entre à l'école communale.

1919. *24 février.* Mort à Paris, de grippe espagnole, de Camille Genet âgée de trente ans.

1923. *30 juin.* Reçu premier de la commune au certificat d'études primaires, Genet achève là ses études.

1924. *17 octobre.* Grâce à ses bons résultats scolaires, Genet échappe au statut de valet de ferme et est mis en apprentissage pour devenir typographe à l'école d'Alembert. Il s'en évade quinze jours après son arrivée à Paris. Retrouvé à Nice, il est ramené à l'hospice des Enfants assistés.

1925. *Avril.* Placé chez le compositeur aveugle René de Buxeuil, il détourne une petite somme. Il est renvoyé et mis en observation à Sainte-Anne dans un service de psychiatrie infantile.

1926. *Février-juillet.* Fugues répétées, arrestations et emprisonnements.

2 septembre. Il est confié par le tribunal à la colonie agricole pénitentiaire de Mettray jusqu'à sa majorité ; il va y demeurer deux ans et demi.

1929. *1er mars.* Il devance l'appel sous les drapeaux et s'engage pour deux ans. Au mois d'octobre, il obtient le grade de caporal, qu'il gardera tout le long des six ans de sa carrière militaire.

1930-1936. Il est envoyé en Syrie (ce sera son premier contact avec le monde arabe auquel il restera attaché toute sa vie), au Maroc, ou reste en garnison en France.

1936. *Juillet-décembre.* Pour échapper aux poursuites, après sa désertion de l'armée, il entame à partir de Nice un long périple d'un an qui le mène en Italie, en Albanie, en Yougoslavie et en Autriche. Refoulé de ces différents pays, il se réfugie à Brno, en Tchécoslovaquie.

1937. *Janvier-mai.* Il demande le droit d'asile ; il fait la connaissance d'Ann Bloch à qui il donne des leçons de français et avec qui il entretiendra une correspondance quasi amoureuse.

16 septembre. De retour à Paris, il vole des mouchoirs dans un grand magasin, est condamné à un mois de prison avec sursis.

1938-1941. Il s'ensuivra une série de vols (d'étoffes, de livres) qui entraîneront des condamnations à des peines de prison allant de quinze jours à dix mois.

1942. *Mars.* Il tient une caisse de bouquiniste sur les quais, alimentée par ses vols de livres ; il poursuit la rédaction de *Notre-Dame-des-Fleurs* entamée en prison au début de l'année, ainsi que celle de la première version de *Haute surveillance*, intitulée *Pour « la Belle »*.

14 avril. À nouveau arrêté pour vol de livres, il compose à Fresnes le poème *Le Condamné à mort* qu'il fait imprimer à ses frais. La rédaction de *Notre-Dame-des-Fleurs* est achevée à la fin de l'année.

1943. *15 février.* Il est présenté à Jean Cocteau qui a lu avec admiration *Le Condamné à mort* et qui entreprend de trouver un éditeur pour *Notre-Dame-des-Fleurs.*

1er mars. Signature du premier contrat d'auteur avec Paul Morihien, secrétaire de Cocteau, pour trois romans, un poème et cinq pièces de théâtre.

29 mai. Nouvelle arrestation pour vol d'une édition de luxe de Verlaine. Il est passible de la « relégation perpétuelle » pour « vol en récidive ». Cocteau confie sa défense à un grand avocat, maître Maurice Garçon. Examiné par un psychiatre, Genet est déclaré « débile de la volonté et du sens moral ».

19 juillet. Grâce à Cocteau, il échappe à la réclusion à perpétuité et est condamné à trois mois de prison. À la Santé, il rédige *Miracle de la rose.*

Décembre. À nouveau arrêté, Genet risque la déportation.

1944. *14 mars.* Grâce à de nombreuses interventions, il est enfin libéré ; il ne retournera plus en prison.

Avril. Parution dans la revue *L'Arbalète* de Marc Barbezat d'un fragment de *Notre-Dame-des-Fleurs.* Il fait la connaissance, début mai, de Jean-Paul Sartre.

19 août. Mort sur les barricades, lors de la libération de Paris, de Jean Decarnin, jeune résistant communiste, compagnon de Jean Genet.

1945. *Mars.* Publication d'un recueil de poèmes, *Chants secrets*, aux Éditions de L'Arbalète.

1946. *Mars. Miracle de la rose* est publié aux Éditions de L'Arbalète. Remise en chantier de *Haute surveillance.* Il écrit *Les Bonnes.*

Juillet-août. Publication dans *Les Temps modernes* d'extraits de *Journal du voleur.* À Marseille, Genet rencontre Jouvet et lui soumet une version des

Bonnes. Jouvet accepte de monter la pièce, après remaniements.

1947. *Mars*. Publication dans la revue *La Nef* de *Haute surveillance*.

19 avril. Création des *Bonnes* au théâtre de l'Athénée (mise en scène de Louis Jouvet). La première version (non corrigée par Jouvet) est publiée en mai dans la revue *L'Arbalète*. Le prix de la Pléiade est décerné à Genet en juillet.

Novembre-décembre. Publication clandestine de *Pompes funèbres* et de *Querelle de Brest*.

1948. *31 mai*. Les ballets Roland Petit créent au théâtre Marigny *'adame Miroir* dans des décors de Paul Delvaux, des costumes de Léonor Fini et une musique de Darius Milhaud.

Juillet. Une pétition est lancée à l'initiative de Cocteau et de Sartre pour obtenir la grâce définitive de Genet encore passible de dix mois de prison.

Août. Publication des *Poèmes* aux Éditions de L'Arbalète. Rédaction du texte radiophonique *L'Enfant criminel* (interdit de diffusion) et de *Splendid's*, pièce qu'il renonce à faire jouer et à éditer. Publication clandestine à Genève de *Journal du voleur*.

1949. *26 février*. Création au théâtre des Mathurins, dirigé par Jean Marchat, de *Haute surveillance*. La pièce est publiée au mois de mars par Gallimard. Publication de *'adame Miroir*, de *L'Enfant criminel* et de *Journal du voleur*.

12 août. Le président Vincent Auriol accorde à Genet sa grâce définitive.

1950. *Avril-juin*. Tournage d'*Un chant d'amour*, seul film que Genet ait entièrement réalisé.

1951. *Février*. Début de la publication des *Œuvres complètes* de Genet chez Gallimard (t. II). Le premier volume, constitué du texte de Sartre, *Saint Genet, comédien et martyr*, ne paraîtra que l'année suivante.

Octobre. Rédaction du scénario *Les Rêves interdits*.

1952-1955. Rédaction du scénario du *Bagne*.
Août. Crise morale après la publication de l'essai de Sartre. Nombreux voyages en Europe et en Afrique du Nord.

1953. *Janvier.* Publication du troisième volume de ses *Œuvres complètes* chez Gallimard.

1954. *Janvier.* Première reprise des *Bonnes* (dans la première version éditée en mai 1947 et non corrigée par Jouvet), au théâtre de la Huchette, par Tania Balachova. Publication des deux versions chez Jean-Jacques Pauvert avec une préface de l'auteur.

1955. Après six ans de silence, nouvelle période d'intense créativité. Il rédige en même temps *Le Balcon* et *Les Nègres*. En novembre, il rédige *« Elle »* et ébauche *Les Paravents*. Il fait la rencontre d'Abdallah, jeune acrobate.

1956. *Juin.* Publication aux Éditions de L'Arbalète du *Balcon* avec une lithographie de Giacometti.

1957. *Mars.* Rédaction du *Funambule*, dédié à Abdallah et publié dans la revue *Preuves*.
Avril. Rédaction de *L'Atelier d'Alberto Giacometti*. Il se rend à Londres pour assister à la première du *Balcon* (mise en scène de Peter Zadek). Il essaie d'interdire la représentation.

1958. *Janvier.* Publication des *Nègres* aux Éditions de L'Arbalète. Nombreux voyages.
Juin. Achèvement de la première version des *Paravents* appelée *Les Mères*.

1959. Genet travaille à la rédaction du *Bagne* qui doit constituer le second volet du « cycle théâtral » dont il rêve et qu'il n'achèvera pas.
28 octobre. Création par Roger Blin des *Nègres* au théâtre de Lutèce. Genet récrit *Les Paravents* en Grèce.

1960. *18 mai.* Après Londres, Berlin et New York, *Le Balcon* est créé à Paris, au théâtre du Gymnase, dans une mise en scène de Peter Brook. Nouvelle version de la pièce aux Éditions de L'Arbalète.

1961. *Février.* Publication des *Paravents* aux Éditions de L'Arbalète, dernière œuvre publiée de son vivant par Genet; la pièce est créée le 19 mai, à Berlin, dans une mise en scène de Hans Lietzau.

Octobre. Jean-Marie Serreau monte *Les Bonnes* à l'Odéon.

1962. Nouvelle version du *Balcon* aux Éditions de L'Arbalète, précédée de « Comment jouer *Le Balcon* ».

1963. *Septembre.* Publication aux États-Unis de *Notre-Dame-des-Fleurs* et de *Saint Genet, Actor and Martyr.*

1964. *12 mars.* Suicide d'Abdallah. En août, Genet déclare renoncer à la littérature et rédige un testament.

1965. *Novembre.* Le Département d'État des États-Unis lui refuse un visa de séjour pour « déviation sexuelle ».

1966. *16 avril.* Création des *Paravents* à l'Odéon-Théâtre de France (dirigé par Jean-Louis Barrault), dans une mise en scène de Roger Blin.

12 mai. Projection au festival de Cannes de *Mademoiselle*, film tiré par Tony Richardson du scénario *Rêves interdits.*

1967. *Avril.* Parution de *L'Étrange mot d'...* dans la revue *Tel Quel.* À la fin de l'année, départ pour l'Extrême-Orient.

1968. *30 mai.* Il publie dans *Le Nouvel Observateur* son premier article politique, « Les Maîtresses de Lénine ».

24-28 août. Il participe à Chicago aux manifestations contre la guerre du Vietnam.

Publication du quatrième volume de ses *Œuvres complètes* chez Gallimard.

1970. Il participe à de nombreuses manifestations pour la défense des immigrés. Nouveau séjour aux États-Unis à l'invitation des Black Panthers; il prononce de nombreuses conférences. En juillet, il préface le recueil des lettres de prison de George Jackson, *Les Frères de Soledad.* Il intervient en faveur d'Angela Davis. Le 20 octobre, il accepte une invitation des Palestiniens. Il restera au Moyen-Orient plusieurs mois et y fera quatre séjours en deux ans.

1971. *Novembre-décembre.* Il participe aux actions de Michel Foucault et de Gilles Deleuze en faveur des prisonniers et des travailleurs arabes.

1972. Il rédige un long article « Les Palestiniens » et poursuit la rédaction de notes sur les Palestiniens et les Black Panthers (qui aboutiront, quatorze ans plus tard, à l'ouvrage *Un captif amoureux*).

1974. *Mai.* Il participe aux débats politiques et soutient dans *L'Humanité* François Mitterrand, candidat aux élections présidentielles.
Septembre. Jacques Derrida consacre un livre à Genet, *Glas*.

1976. Il entreprend la rédaction d'un scénario de film, *La Nuit venue.* Deuxième édition des *Paravents* aux Éditions de L'Arbalète.

1977. *2 septembre.* Publication dans *Le Monde* de « Violence et brutalité », où il justifie l'action de la « Fraction armée rouge », article qui suscite une vive polémique.

1979. *Mai.* Il entreprend un traitement de chimiothérapie pour enrayer un cancer de la gorge.
Publication du cinquième volume de ses *Œuvres complètes* chez Gallimard.

1981. Il commence à rédiger un nouveau scénario de film, *Le Langage de la muraille,* évoquant la colonie de Mettray.

1982. *25 janvier.* Entretien filmé avec Bertrand Poirot-Delpech. Il s'installe progressivement au Maroc qui deviendra son principal lieu de résidence.
11 septembre. Il retourne au Moyen-Orient et il est l'un des premiers témoins des massacres des camps de Sabra et Chatila. Il écrit alors « Quatre heures à

Chatila», publié en janvier 1983 dans la *Revue d'études palestiniennes*.

Décembre. Rainer Werner Fassbinder présente le film *Querelle*, tiré du roman de Genet, au festival de Venise.

1983. *Juin-Juillet*. Début de la rédaction d'*Un captif amoureux*. Patrice Chéreau monte au théâtre des Amandiers *Les Paravents* et Peter Stein *Les Nègres* à la Schaubühne de Berlin. Genet reçoit le Grand Prix national des Lettres à Paris.

1985. *Août*. En compagnie du metteur en scène Michel Dumoulin, il écrit à Rabat une nouvelle version de *Haute surveillance*.

Novembre. Il achève *Un captif amoureux* dont il remet le manuscrit à Laurent Boyer qui sera son exécuteur testamentaire. Le livre paraîtra un mois après sa mort.

Décembre. *Le Balcon* entre à la Comédie-Française (mise en scène de Georges Lavaudant).

1986. *Mars*. Il corrige le premier jeu d'épreuves d'*Un captif amoureux* et repart au Maroc pour dix jours.

15 avril. Jean Genet meurt dans une petite chambre d'hôtel à Paris. Il est enterré dans le vieux cimetière espagnol de Larache, au Maroc.

NOTICE

La genèse du Bagne

Le bagne obsède Genet depuis toujours, si l'on veut bien se souvenir qu'il apparaît déjà en filigrane mythique dans *Haute surveillance* et dans *Les Bonnes* dont les esquisses datent de 1942-1943, tout début de sa production artistique. Et la mainmise du bagne sur Genet sera d'autant plus prégnante (suffocante même) que l'ancien pensionnaire de Mettray sait qu'il n'y pénétrera jamais que par effraction poétique : revanche dérisoire du rêve (dont Genet sait goûter l'humour) puisque ce sont ses textes à la gloire des plus mauvais garçons qui lui permettront d'entrer dans la société bourgeoise la plus snob ! Ajoutons que le bagne — le vrai, celui de Cayenne — n'a plus d'existence que dans les souvenirs puisqu'il a été supprimé en 1938, ce que Genet déplore longuement dans *Journal du voleur.* Voilà donc le poète soumis à l'obligation de « recomposition » idéalisée, sinon fantasmée, des « fêtes secrètes » du bagne.

Cette contention d'esprit pour la fabrication imaginaire d'un paradis artificiel est sans doute responsable, et de l'obstination de Genet à noircir des milliers de pages sur le sujet, et de son impuissance à mettre un terme au déroulement indéfini de ses dérives oniriques : envisagé en 1949, le texte théâtral du *Bagne* finira par être abandonné en 1964, non par tarissement du talent de l'écrivain, ni par désir d'en finir avec la littérature après le suicide d'Abdallah, mais plutôt parce que la distance se révélait trop grande entre les mots couchés sur le papier et le monde absolu qu'ils étaient censés faire surgir du néant. Phénomène de dédoublement critique, familier à maints créateurs, mais dont Genet a souffert tout particulièrement, même quand il s'agissait de pièces qui le touchaient moins intimement ; s'il n'a jamais été totalement satisfait de ses metteurs en scène et s'il s'est gardé d'assister aux représentations de ses œuvres (sauf pour faire du scandale lors de la création du *Balcon* par Zadek[1] !), c'est qu'il portait en lui, secrètement, un double incommunicable de l'œuvre qu'il confiait à la scène : quoi qu'il fasse, le metteur en scène (qu'il s'appelle Jouvet, Brook ou même Blin) ne peut que le trahir. Et si ce sentiment de trahison intime se produit en cours même de rédaction, il y a toute chance pour que Genet interdise à l'œuvre, soit de naître (ce sera le cas du *Bagne*), soit d'être publiée (ce sera le cas de *Splendid's*, achevé en février 1949). À moins qu'elle ne soit soumise à refonte complète : ce qui se produira pour *Haute surveillance*, publié en 1947, longtemps interdit de représentation, et réécrit en 1985.

Une autre raison a poussé Genet à refuser au *Bagne* le droit de naître : la tentation du cinéma. On a beaucoup glosé sur sa prétendue panne de créativité dans les années 1949-1955 et l'on en a souvent rendu responsable l'effet stérilisant du *Saint Genet* de Sartre et le succès mondain qui a fait perdre à Genet, avec sa marginalité, sa personnalité propre. Il est plus vraisemblable que Genet, par mépris du théâtre de son époque, tel qu'il le connaissait (mépris qui apparaît nettement dans la *Lettre à Jean-Jacques Pauvert*[2]), ait voulu changer d'orientation artistique et que l'exemple

1. Et sauf pour la première de *'adame Miroir*. Il a, en revanche, suivi de très près les répétitions des *Paravents* et il a participé à la mise en scène de *Haute surveillance* dans des conditions que, en réalité, on ignore.

2. Reproduite dans *Théâtre complet* [de Jean Genet], Gallimard, coll. « Bibliothèque de la Pléiade », 2002, p. 815-819.

de Cocteau (dont l'influence sur lui fut considérable malgré le devoir d'ingratitude auquel il s'est cru obligé) lui ait montré que l'expression des sensations et des thèmes les plus originaux ne pouvait trouver meilleur canal de transmission que le cinéma. *Orphée* de Cocteau date de 1950 et, en 1951, Genet rédige le scénario de *Rêves interdits* (qui sera tourné par Tony Richardson en 1966 sous le titre de *Mademoiselle*) ; en 1950, Genet réalise son seul film, *Un chant d'amour.* Tentation du cinéma étouffée ensuite, bien à contrecœur, pendant une vingtaine d'années, avant que Genet ne rédige le scénario de *La Nuit venue* en 1976 et celui du *Langage de la muraille* en 1981. Et il avait été sur le point de participer au scénario du *Balcon* tourné par Joseph Strick en 1962.

Le scénario du film *Le Bagne* a été écrit entre 1952 et 1955 et les bases d'une pièce qui s'appelait alors *Les Hommes* avaient été posées en 1950[1] : la circulation entre les deux œuvres est patente, même si le scénario est complet et précis jusque dans ses moindres détails tandis que la pièce, restée à l'état d'ébauche, demeure tributaire de certaines contraintes usuelles pour toute œuvre dramatique traditionnelle (individuation psychosociale des personnages principaux, abondance des récits et des échanges dialogués...). Néanmoins, la structure de la fiction, en séquences non liées et simplement numérotées, la fréquence des scènes simultanées qui exige, sur le plateau, une utilisation allusive de l'espace dans la mobilité et la fluidité, le grand nombre de figurants, l'interpénétration de l'intérieur et de l'extérieur qui casse les conventions du mimétisme illusionniste, l'importance du mouvement et des mouvements d'une scène à l'autre ou à l'intérieur d'une même scène, les changements d'angle de vue sur le décor, l'usage de gros plans descriptifs, tout cela relève de l'écriture cinéma-

1. Si l'on en juge par les termes du contrat signé le 15 septembre 1950 avec Gaston Gallimard pour une œuvre désignée alors comme une pièce de théâtre.

tographique. Cet acquis va permettre de casser le moule de la boîte à l'italienne où, dans un dispositif d'enfermement et une atmosphère de claustration, quelques individus s'affrontent : ce qui est vrai de *Haute surveillance* et des *Bonnes* l'est aussi de *Huis clos*, des *Chaises*, du *Professeur Taranne*, de *Fin de partie*, des *Parents terribles*, toutes pièces qui datent des années 1935-1960.

La démarche paradoxale, voire contradictoire, de Genet va être d'utiliser les outils de l'un (le film) au bénéfice de l'autre (la pièce) pour matérialiser l'abstrait, pour rendre concret et palpable l'invisible et l'indéfini. Car c'est bien d'invisible et d'indéfini qu'il est question des deux côtés : l'espace que Genet veut rendre perceptible est celui du désert, du vide, de l'absence, tels que les sentinelles noires le suggèrent à travers leurs répliques du début de la pièce. Conscient de la difficulté de rendre visible l'invisible, Genet, pour faire respirer l'espace autrement qu'avec des mots et pour l'élargir jusqu'aux limites de l'horizon, utilise comme subterfuge le tourniquet de feuillets d'espace qui se succèdent comme les pages d'un livre : ce que suggèrent nettement les indications scéniques de la fin du tableau I et du début du tableau II : « *Tout en parlant, il* [Ferrand] *reculait, presque en dansant, de telle façon qu'il entrait dans l'espace scénique découvert par le chemin de ronde entrouvert* [...] ».

Cette liberté, nouvelle au théâtre, Genet en fera profiter les pièces produites pendant sa seconde période de création dramatique : *Le Balcon* au premier chef, où la confusion de l'extérieur et de l'intérieur est l'une des données premières de la pièce, *Les Nègres* et, bien évidemment, *Les Paravents* où l'immensité multiforme de l'espace — qui englobe les vivants et les morts — est traduite par un empilement de plates-formes.

Il y a bien sûr quelque naïveté de la part du dramaturge à chercher des équivalents métaphoriques, mais néanmoins matériels, à ce qui est d'abord un espace mental, mais la révolution scénographique qui « désillusionnera » de plus en plus le plateau n'est pas encore accomplie à la mi-temps du XXe siècle. Genet se rend compte que son ébauche de pièce a un statut bâtard, entre théâtre et cinéma, et entre deux dramaturgies : la classique, dont il ne veut plus, et la nouvelle, qui est encore en gestation. C'est bien le cinéma, cependant (même resté à l'état de projet et de scénario), qui incite Genet à sortir des sentiers battus du mimétisme illusionniste. Les circonstances autobiographiques qui ont amené Genet à abandonner tant la réalisation de son film que l'achèvement de sa pièce sont donc de peu de poids en regard des raisons esthétiques suggérées ici. Cet inachèvement même ne doit pas être perçu comme un échec mais comme une étape, sans doute prématurée, de la prochaine écriture scénique du dramaturge.

L'établissement du texte

En 1994, Marc Barbezat avait publié, à partir de ses archives, un ouvrage intitulé *Le Bagne* qui regroupait le scénario et les fragments qu'il avait pu reconstituer de la pièce : quatre tableaux en tout. Les manuscrits sur lesquels il veillait jalousement n'étaient alors accessibles à personne. Peu avant sa mort et la vente de ses archives, Barbezat permit qu'une copie de ses manuscrits fût consultable au fonds Jean Genet de l'IMEC. Un travail plus approfondi a ainsi pu être réalisé et un nombre de fragments nettement plus important exhumé.

Les manuscrits de la pièce dont nous disposons proviennent donc des archives Barbezat mais ils ont, en réalité, deux origines distinctes : une partie d'entre eux avait été remise à l'éditeur par l'auteur en 1963 ; l'autre a été rachetée par Marc Barbezat lors d'une vente aux enchères à l'hôtel Drouot le 31 octobre 1990. Nous avons pu retracer la provenance des manuscrits de cette vente : il s'agissait des états de la pièce envoyée par Genet à son agent littéraire Bernard Frechtman, pour obtenir son avis de lecteur ou pour en faire établir une dactylographie.

Notre édition du texte, qui reprend celle de la Bibliothèque de la Pléiade, a donc été établie à partir de deux ensembles : les manuscrits Barbezat, constitués de 76 folios autographes et de 36 folios dactylographiés avec corrections manuscrites de l'éditeur ; et les manuscrits Frechtman, constitués de 141 folios autographes, comportant de nombreux dessins de l'auteur — le catalogue de vente de l'hôtel Drouot donnait pour cet ensemble, en comptant les notes souvent portées au verso de certains feuillets, 163 pages foliotées de 1 à 163.

Chacun de ces deux ensembles, en grand désordre et très hétéroclite, comporte des versions successives des mêmes tableaux et présente des éléments de différentes époques. Nous avons isolé trois manuscrits principaux à partir desquels nous avons établi notre texte :

Le « manuscrit 1 » comporte 32 folios autographes, provient de l'ensemble Frechtman et donne la version visiblement la plus aboutie et la dernière en date des tableaux I, II et de la première partie du tableau III. C'est ce manuscrit qui a servi à l'édition réalisée par Marc Barbezat des trois premiers tableaux de la pièce aux Éditions de L'Arbalète en 1994. Nous avons repris cette version des trois tableaux en corrigeant les très nombreuses erreurs de lecture qui émaillent et parfois dénaturent le texte de cette édition.

Le « manuscrit 2 » comprend 46 folios autographes, est incomplet, si l'on se fie au foliotage des feuillets, et provient de l'ensemble Barbezat. Il n'est pas découpé en tableaux et donne un enchaînement de scènes qui vont de la première scène à l'exécution de Forlano. La version des premiers tableaux qu'il donne est antérieure à celle du « manuscrit 1 », mais c'est dans ce manuscrit que nous avons prélevé la plupart des scènes suivantes, c'est-à-dire les tableaux IV, VI, VII, VIII, IX, X et XI.

Le « manuscrit 3 » comprend 25 folios autographes et provient également de l'ensemble Barbezat. Il donne une version, dans un ordre différent du « manuscrit 2 » et qui lui est antérieur, de six tableaux, en commençant par le début de la pièce. Nous y avons prélevé seulement deux tableaux : la fin du tableau III, qui n'est donnée qu'ici et qui est nécessaire à la compréhension de la pièce, et le tableau V (celui de Rocky au mitard), qui est étrangement mieux développé que dans le « manuscrit 2 ».

Enfin nous avons ajouté, comme Barbezat l'avait fait, le tableau du « dialogue de la Lune et du Soleil », provenant de l'ensemble Barbezat et rédigé sur 5 folios autographes, bien qu'il ne figure que parmi les nombreux fragments de la pièce car il semble bien, d'après plusieurs notes éparses dans les marges du texte et sur des feuilles de brouillon, que Genet ait eu l'intention de le conserver. Son emplacement demeure cependant indécis.

Parmi les brouillons que nous n'avons pas retenus pour ce montage auquel nous contraint l'absence d'une seule version continue et complète, figure également un « manuscrit 4 », de 52 folios autographes, provenant de l'ensemble Frechtman et donnant les sept premiers tableaux (avec deux états du deuxième) dans une version clairement antérieure à celles que nous proposons et qui n'y ajoute aucune séquence inédite.

À côté de ces quatre manuscrits qui ont chacun leur cohérence, les deux ensembles Barbezat et Frechtman comprennent également de nombreuses reprises de tableaux (notamment I, II, III et IV) ou de fragments de scènes qui offrent des versions antérieures à celles que nous présentons.

Le montage que nous reprenons ici est naturellement discutable et susceptible de retouches[1]. D'autres lectures sont sans doute possibles à partir des mêmes données. Mais, telle quelle, cette version permet d'apercevoir la courbe générale de l'œuvre et de mesurer l'envergure du poème dramatique de Genet. Si nul ne sait comment l'auteur aurait organisé sa pièce, la lecture conjointe du

1. Une première tentative de montage avait été effectuée par Yves Pagès qui avait eu accès à une partie des manuscrits déposés à l'IMEC en vue de la mise en scène de François Wastiaux à la ferme du Buisson en 1977. Nous avons tiré profit de cette première mouture

scénario publié aux Éditions de L'Arbalète peut cependant en donner une idée.

La réception et la mise en scène du Bagne

Assez curieusement, en 1994, la publication du *Bagne* (fragments de la pièce et scénario) ne suscita aucun commentaire ni dans les journaux littéraires ni dans les revues spécialisées. Encore plus curieusement, la présentation d'une version reconstituée du *Bagne* dans le *Théâtre complet* de Genet (Gallimard, coll. « Bibliothèque de la Pléiade », 2002), à partir des différents manuscrits confiés par Genet à Marc Barbezat, ne suscita pas davantage d'échos.

Jacques Derrida, si proche de Genet, reconnaît lui-même être passé à côté de la pièce : « Moi aussi, oserai-je l'avouer sans jouir d'une honte inavouable, j'aurai manqué jusqu'à ce jour *Le Bagne* de Genet. Il m'aura manqué, je l'aurai manqué, je n'aurais même rien su de ce manque si un beau jour mes amis Antoine Bourseiller, puis Albert Dichy, ne m'avaient révélé la puissance spectrale, l'immense histoire cachée, le rôle central, obsédant, organisateur que le bagne, le Bagne, *le* bagne dans le bagne, joua dans la vie de Genet et dans ses projets d'écriture pour le théâtre et le cinéma. Ma honte devra désormais hanter tous les souvenirs que je garde de ce que j'ai eu la chance de partager dans l'amitié qui me lia à Genet continûment jusqu'à sa mort depuis 1965 ou 1966. Ces dates ne sont pas insignifiantes. Je savais alors les ravages qui avaient suivi le suicide d'Abdallah, son ami depuis sept ans, en 1964. Je savais aussi que, deux ans avant sa propre tentative de suicide, Genet, lorsque je le rencontrai pour la première fois, disait avoir renoncé à écrire et brûlé des manuscrits. Mais ce que j'ignorais alors, c'est que parmi les textes incinérés se trouvaient — une valise entière — les dernières versions du *Bagne*. D'elles on ne saura jamais rien. Or voici la dernière chance du *Bagne*, la bénédiction dans la malédiction, cette œuvre en pièces : à partir de différents fragments de versions antérieures, publiées ou communiquées ici ou là

(Corvin et Dichy en retracent remarquablement l'histoire), Antoine Bourseiller aura pris, de la façon la mieux calculée, les risques à la fois archéologiques et théâtraux de rendre un corps, de reconstituer un "corpus" et de remettre la pièce en œuvre. Debout, monumentale. Écrite et théâtrale[1]. »

Antoine Bourseiller[2], ami de longue date de Genet et metteur en scène à deux reprises du *Balcon* (en 1969 à Marseille, au théâtre du Gymnase, et en 1975, à Paris, au théâtre Récamier), décide donc de monter *Le Bagne.* Ce sera chose faite en mai 2004 au théâtre de Nice[3]. Metteur en scène « à l'ancienne », Bourseiller a pour premier souci de faire entendre le texte et de rester fidèle aux intentions de l'auteur mais sans du tout être esclave des indications scéniques qu'il considère comme secondaires et périssables. Il écrivit pour la reprise du spectacle en 2006, au théâtre de l'Athénée, une note d'intention, brève mais forte : « "Mon talent sera l'amour que je porte à ce qui compose le monde des prisons et des bagnes", écrit Genet dans *Journal du voleur.* Derrière l'éclat de sa légende sulfureuse, la vérité de Genet se révèle dans cette pièce qui glorifie le malheur absolu, jeu de massacre des bagnards blancs sous le regard des sentinelles noires. Le soleil qui éclabousse le désert où sont emprisonnés les assassins est le soleil le plus terrible,

1. Ce texte a été rédigé en mars 2004 et se trouve inséré dans le programme de la représentation, lors de la création de la pièce au théâtre de Nice.

2. Né en 1930, Antoine Bourseiller fut hallebardier chez Vilar, au TNP, avant d'y tenir de petits rôles : « J'ai appris mon métier, dit-il, en regardant cent fois Maria Casarès et Gérard Philipe. Avec Vilar, j'ai appris la mise en scène et la morale. » Sa première mise en scène date de 1954 (*Catherine Aulnaie et saint Élie* de Patrice de la Tour du Pin). Il fut ensuite à la fois directeur de lieux culturels (Poche-Montparnasse, Centre dramatique du Sud-Est, théâtre municipal d'Orléans) et découvreur de maints auteurs (nord-américains notamment, mais aussi Billetdoux et Audureau) qu'il mit en scène. Il fut aussi, pendant quatorze ans (1982-1996), directeur de l'Opéra de Nancy avant de revenir au théâtre, comme comédien, metteur en scène et directeur artistique du théâtre municipal de Tarascon.

3. *Le Bagne* fut une coproduction du théâtre de Nice, du théâtre municipal de Tarascon, et du Grand Théâtre de Luxembourg où la pièce fut jouée également en mai 2004.

le plus fracassant, le plus beau de l'univers du poète. Et le plus insolite dans ce chef-d'œuvre, c'est que souvent l'on rit pour, aussitôt après, admirer l'audace tranquille des fêtes secrètes que le bagne s'offre à lui-même, la nuit. »

Le plus original de la mise en scène fut le décor (d'Alexandre de Dardel) : Bourseiller eut l'idée de faire construire, à l'imitation de la prison d'Abu Ghraib où Saddam Hussein enfermait ses victimes, un large mur double face, noir d'un côté, blanc de l'autre : pivotant sur tournette, il était percé d'alvéoles à travers lesquelles les bagnards pouvaient tout juste passer bras ou tête.

Pour jouer les soixante-quatre personnages de la pièce (dont la plupart, même nommément désignés, n'ont qu'un rôle de choristes), il eut recours à dix-huit comédiens, tant luxembourgeois que français. Pour sa distribution, Bourseiller a puisé en grande partie dans la troupe des comédiens permanents tant du théâtre de Nice que du théâtre national du Luxembourg. Parmi eux, mention toute spéciale doit être faite de Marc Olinger qui tenait avec truculence et autorité le rôle majeur de Rocky. Avec Claudine Pelletier, Marc Olinger avait fondé en 1973 le TOL (Théâtre Ouvert Luxembourg) qu'il dirigea jusqu'en 1985 avant d'être nommé directeur du théâtre des Capucins de la ville de Luxembourg. Il est également membre fondateur de la Convention Théâtrale Européenne dont l'initiative revient à Daniel Benoin, directeur du théâtre national de Nice.

La critique fut, quasi unanimement, élogieuse. Citons-en quelques extraits :

De Michel Cournot : « Antoine Bourseiller, que Genet estimait et aimait, a réussi une présentation remarquable du *Bagne.* Le grand mur pivotant, plus violemment que des projecteurs, nous donne le jour et la nuit, le fils et la mère, la vie et la mort. Tous les accrochages des bagnards entre eux ou avec l'autorité sont clairs, le rythme est ferme. Tous les acteurs sont simples, forts, justes, vrais » (*Le Monde*, 4 mai 2006).

De Jean-Pierre Léonardini : « Bourseiller n'élude aucune

difficulté. On sent qu'il a poussé ses comédiens (ils sont dix-sept !) autant que faire se peut, le plus loin possible de la platitude réaliste, car nous sommes devant un bagne sorti d'une imagination chauffée à blanc. [...] Le mérite de cette mise en scène réside d'abord dans la vision d'ensemble qu'elle impose dans l'espace (décor d'Alexandre de Dardel d'une espèce de ruche alvéolée pivotante). Chacun trouve sa place dans une image scénique mobile, réceptacle des plus étonnantes professions de foi détonantes, monde à l'envers du monde, génialement échafaudé par un verbe haut jusqu'au vertige » (*L'Humanité*, 31 mai 2004).

De Marion Thébaud : « Antoine Bourseiller renoue avec son passé prestigieux. Fidèle à son amour des formes peu conventionnelles, sa sensibilité, son exigence, il a choisi un Genet inédit et signe un spectacle puissant et magnifique. Il épouse sans esbroufe, sans se forcer, toutes les contradictions de Genet, tous ses paradoxes, allant du sublime au trivial, du précieux à l'ordurier. Genet comme Shakespeare ose tous les dérapages, et la pièce éclate dans tous les sens, comme une grenade dégoupillée, explosive et poétique. Antoine Bourseiller resserre la pièce sur la fable et, par moments, ose des évasions bouleversantes, comme cette présence de musiciens noirs ou ce magnifique dialogue entre la nuit et le soleil, moment de pure délicatesse, parenthèse aérienne au cœur d'une action qui n'échappe pas à la crudité » (*Le Figaro*, 10 mai 2004).

Du côté luxembourgeois, l'éloge est de même venue : « La mise en scène d'Antoine Bourseiller est une mise en scène remarquable de "diction" : elle nous donne réellement à entendre et à voir ce texte, dans sa superbe utilisation des silences et du rythme, dans l'inventivité des transitions musicales, dans la tension des affrontements des personnages, dans un jeu superbe sur l'espace du plateau (le bas et le haut, le vu et le caché, l'évoqué), dans un art maîtrisé des images scéniques (et les lumières de Daniel Benoin jouent là leur rôle) », Stéphane Gilbert (*Luxembourg Wort*, 14 mai 2004).

DOCUMENTS

EXTRAITS DE COMMENTAIRES ET INDICATIONS SCÉNIQUES DE GENET SUR LE SCÉNARIO DU *BAGNE*

Bien que Genet se soit à plusieurs reprises expliqué sur son esthétique et sa conception du théâtre (notamment dans la *Lettre à Jean-Jacques Pauvert*, 1954, dans *L'Étrange mot d'...*, 1967, et dans les commentaires des *Paravents*, deuxième édition de 1976), il paraît éclairant, pour l'interprétation que nous proposons, de compléter la présentation du texte dramatique du *Bagne* par des extraits des commentaires et des indications, eux-mêmes très théâtraux, dont Genet accompagne la rédaction de son scénario de film du *Bagne*, rédigé entre 1952 et 1955 (et publié aux Éditions de L'Arbalète en 1994).

Contre le réalisme psychologique ; pour un théâtre du faire

« Il [Rocky] devra faire des gestes non révélateurs de sentiments : je veux dire, non expressifs. Il n'aura jamais à simuler l'émotion, ni l'amour, ni l'amitié, ni la haine, ni, etc. ni même la colère et le désespoir. Ce sont ses actions — ou certains de ses gestes — incompris de lui — qui nous renseignent sur des sentiments qu'il ne sait même pas éprouver. Je veux qu'il en soit de même pour les autres bagnards. L'aventure dans laquelle je les plonge ne les étonne pas, mais ils la vivent en actes, et en gestes, non en réflexions. Peut-être ainsi échapperai-je au danger de continuer un récit réaliste selon les méthodes habituelles où chaque personnage *sait* ce qu'il exprime au moment qu'il l'exprime, et *sait* la résonance que son expression *doit* avoir sur son protagoniste et sur nous. [...] La question, n'étant jamais de savoir quels sentiments sont reflétés, sont peints par ces actes, mais de supposer quelle émotion ces gestes accordés ou contrariés vont provoquer chez le spectateur» (*op. cit.*, p. 107-109).

De l'autobiographie à l'œuvre d'art

«Les raisons qui m'ont fait élire le bagne comme thème essentiel furent sans doute commandées par mon désir secret de le vivre. Passons. Ces raisons étant parfaitement sanctionnées, à moins qu'elles ne l'appelassent, par mon attitude devant l'œuvre d'art, que je veux close, monolithique, sans prolongement dans l'univers social, morte enfin. On ne saurait donc, ici, chercher une résonance sociale — soit une revendication, soit une justification. Comme je veux que chacune des parties de l'œuvre concoure — avec les images qui lui sont propres — à une fin presque dissolvante — mes personnages et les gestes tentent à la fois de rendre vivable — c'est-à-dire moral — un bagne parfaitement clos — et admissible un récit dont la destination ne concerne personne» (*ibid.*, p. 111).

Hyperréalisme et poésie

«Je pense enfin que tant de précision doit apporter à force de réalisme, une sorte d'irréalité dans le drame, et de poésie à force d'évidence» (*ibid.*, p. 113).

Comment donner du bagne une impression d'irréalité

«Le mal étant par définition anarchique, il [le Directeur] doit instaurer dans l'univers du mal un ordre qui, ne pouvant être qu'apparent, donnera au bagne une allure irréelle » (*ibid.*, p. 126).

Fiction, vraisemblance et poésie

« La fiction doit obéir à des exigences. Elle respecte non le monde traditionnel, mais une vraisemblance plus secrète. Le récit, intitulé "le Bagne" est donc un drame pédérastique, et rien d'autre. Toutefois, je me demande si la vérité et la violence lyrique des images n'arriveront pas à lui donner un pouvoir poétique assez grand pour captiver le spectateur le plus éloigné d'un tel égarement » (*ibid.*, p. 139-140).

Le noir et le blanc ; les Noirs et les Blancs

« C'est la veillée funèbre chez les Noirs. Cette histoire de Blancs les intéresse à peine. Ils ne comprennent pas le sens religieux de l'exécution de Forlano, puisqu'ils sont exclus de la communion des fidèles. C'est sans doute une préoccupation esthétique qui m'a fait choisir de donner au bagne un cadre noir. La rigidité des Nègres, leur refus de participer à l'action, leur origine et leur couleur qui les éloignent encore, sont en effet destinés à donner davantage de relief au drame misérable des Blancs. Mais un élément esthétique n'est pas gratuit. Les Nègres, par leur animalité, par leur bestialité même doivent apporter un relief, une épaisseur à une aventure d'où toute sensualité est absente : Les Nègres sont la Femme absente de ce bagne. La veille de l'exécution de Santé Forlano ils sont réunis autour d'un feu, à proximité du corps de garde. Ils ont fait rôtir un mouton. Pendant qu'il cuit, ils dansent et chantent : il y aura eu deux morts en peu de temps parmi les Blancs. Ils célèbrent ces deux morts avec la même joie, la même fête. Tout à l'heure ils vont manger le mouton comme s'ils dévoraient la chair de Marchetti et celle de Santé Forlano. L'un d'eux montre à tous les autres un signe dans le ciel : c'est une étoile » (*ibid.*, p. 201).

La réalité subjective et poétique du bagne

« Une fois de plus je répète que ce récit veut être un poème. C'est-à-dire qu'il s'efforce de rendre sensible, apparent un certain complexe subjectif. Son but n'est pas de rendre compte du monde extérieur, de décrire un bagne réel, existant vraiment dans un lieu géographique précis et peuplé de forçats vivant encore, ou ayant vécu, ou de personnages copiés, calqués sur des êtres criminels réels. L'imagination de l'auteur crée donc, à partir de sa seule sensibilité un univers arbitraire. Qu'on ne s'attende pas à découvrir entre les forçats ou entre les gardiens et les forçats, les rapports psychologiques habituels. Un univers arbitraire, dis-je. Mais non incohérent. C'est d'ailleurs cette cohérence, cette logique dans chacun des rapports entre les éléments constituant ce récit qui donnera à l'œuvre sa vie. J'entends donc expliquer le sentiment qui va lier Rocky et Ferrand de cette façon : par la nécessité de donner à l'œuvre la forme que je veux — ou que je désire, et par ce que je suis de "ce que sont — en moi" [*sic*] ces différents éléments » (*ibid.*, p. 232-233).

Les Nègres, la Femme, la Nuit

« Les Nègres. J'ai dit plus haut que les Nègres pourraient bien être ici, sinon le symbole, l'équivalent de la féminité absente, le complément nécessaire à une trop rigoureuse sécheresse, l'ombre si l'on veut de trop de lumière. Pourquoi l'ai-je dit ? [...] Je veux dire d'abord qu'ils apportent l'inquiétude de l'autre race, comme il y a l'inquiétude de l'autre sexe. Ajoutons-y la couleur noire. Pour l'homme qui se veut action et mobilité, la femme est nocturne, "profonde comme la Nuit"... Elle enveloppe l'homme, elle le contient. Mes Noirs enveloppent le bagne et le contiennent. Il va de soi que je ne livre ici qu'une interprétation satisfaisant mes secrètes rêveries » (*ibid.*, p. 237).

BIBLIOGRAPHIE

À PROPOS DU *BAGNE*

Éditions de la pièce

Le Bagne [Théâtre : esquisses./Scénario], présentation d'Albert Dichy et de Laurent Boyer, Décines, L'Arbalète, 1994.

Le Bagne dans *Théâtre complet* [de Jean Genet], édition de Michel Corvin et Albert Dichy, Gallimard, coll. « Bibliothèque de la Pléiade », 2002.

BIBLIOGRAPHIE GÉNÉRALE

Richard C. Webb et Suzanne A. Webb, *Jean Genet and his Critics : An Annotated Bibliography, 1943-1980*, Metuchen, New Jersey, Scarecrow Press, Inc., 1982.

BIOGRAPHIES

Albert Dichy et Pascal Fouché, *Jean Genet. Essai de chronologie 1910-1944*, IMEC, 1988.

Jean-Bernard Moraly, *La Vie écrite*, La Différence, 1988.

Edmund White, *Jean Genet*, Gallimard, coll. « N.R.F. Biographies », 1993.

OUVRAGES CONSACRÉS POUR TOUT OU PARTIE
À L'ŒUVRE DE JEAN GENET

Jean-Paul Sartre, *Saint Genet, comédien et martyr* (t. I des *Œuvres complètes* de Jean Genet), Gallimard, coll. « Blanche », 1952.

Georges Bataille, *La Littérature et le Mal*, Gallimard, coll. « Blanche », 1957.

Joseph McMahon, *The Imagination of Jean Genet*, New Haven, Yale University Press, 1963.

Claude Bonnefoy, *Jean Genet*, Éditions universitaires, coll. « Classiques du XXᵉ siècle », 1965.

Jean-Marie Magnan, *Jean Genet*, Pierre Seghers, coll. « Poètes d'aujourd'hui », 1966.

Richard N. Coe, *The Vision of Jean Genet*, Londres, Peter Owen, et New York, Grove Press Inc., 1968.

Philip Thody, *Jean Genet, a Study of his Novels and Plays*, Londres, Hamish Hamilton, 1968.

Bettina Knapp, *Jean Genet*, New York, Twayne Publishers, 1968.

Kate Millett, *La Politique du mâle*, Stock, 1971 ; Seuil, coll. « Points actuels », 1983.

Jacques Derrida, *Glas*, éd. Galilée, 1974.

Camille Naish, *A Genetic Approach to Structures in the Work of Jean Genet*, Cambridge (USA), Harvard University Press, 1978.

Jeannette L. Savona, *Jean Genet*, Londres, MacMillan Press, 1983.

Arnaud Malgorn, *Jean Genet. Qui êtes-vous ?*, Lyon, La Manufacture, 1988.

Maurice Chevaly, *L'Amour cannibale*, Marseille, Le Temps parallèle, 1989.

Thierry Dufrène, *Giacometti, Portrait de Jean Genet, le scribe captif*, Adam Biro, 1991.

Véronique Bergen, *Jean Genet. Entre mythe et réalité*, Bruxelles, De Boeck Université, 1993.

Marie-Claude Hubert, *L'Esthétique de Jean Genet*, SEDES, 1996.

Catherine Millot, *Gide, Genet, Mishima*, Gallimard, coll. « L'Infini », 1996.

Hadrien Laroche, *Le Dernier Genet*, Le Seuil, 1997.

François Sentein, *L'Assassin et son bourreau. Jean Genet et l'affaire Pilorge*, La Différence, 1999.

Marie Redonnet, *Jean Genet le poète travesti. Portrait d'une œuvre*, Grasset, 2000.

Jean-Pierre Renault, *Une enfance abandonnée. Jean Genet à Alligny-en-Morvan, récit*, La Chambre d'échos, 2000.

François Sentein, *Nouvelles minutes d'un libertin (1942-1943)*, Le Promeneur, 2000.

Jean A. Gitenet, *Réflexions sur l'univers homosocial dans* Splendid's *de Jean Genet. L'homme divisé*, L'Harmattan, 2002.

Arnaud Malgorn, *Jean Genet. Portrait d'un marginal exemplaire*, Gallimard, coll. « Découvertes Gallimard », 2002.

Ivan Jablonka, *Les Vérités inavouables de Jean Genet*, Le Seuil, 2004.

Daniel Lance, *Jean Genet ou la Quête de l'ange*, L'Harmattan, 2004.

Lydie Dattas, *La Chaste Vie de Jean Genet*, Gallimard, coll. « Blanche », 2006.

Clare Finburgh, Carl Lavery, Maria Shevtsova (dir.), *Jean Genet : Performance and Politics*, Londres, Palgrave Macmillan, 2006.

Genet [catalogue de l'exposition présentée au musée des Beaux-Arts de Tours du 8 avril au 3 juillet 2006], conception et réalisation d'Élisabeth et Jean-Pierre Boyer, Tours, Farrago, 2006.

Dominique Eddé, *Le Crime de Jean Genet*, Seuil, 2007.

OUVRAGES CONSACRÉS POUR TOUT OU PARTIE AU THÉÂTRE DE JEAN GENET

Michel Corvin, *Le Théâtre nouveau en France*, PUF, Coll. « Que sais-je ? », 1963 (rééd. 1987).

Martin Esslin, *Le Théâtre de l'absurde*, Buchet-Chastel, 1963.

Leonard C. Pronko, *Théâtre d'avant-garde. Beckett, Ionesco et le théâtre expérimental en France*, Denoël, 1963.

Geneviève Serreau, *Histoire du « nouveau théâtre »*, Gallimard, coll. « Idées », 1966.

Bernard Dort, *Théâtre public (1953-1966)*, Le Seuil, 1967.

Jacques Guicharnaud, *Modern French Theatre from Giraudoux to Genet*, Londres, University Press, 1967.

Bernard Dort, *Théâtre réel (1967-1970)*, Le Seuil, 1971.

Odette Aslan, *Jean Genet*, Seghers, coll. « Théâtre de tous les temps », 1973.

Lewis T. Cetta, *Profane Play, Ritual, and Jean Genet : A Study of his Drama*, Alabama, University of Alabama Press, 1974.

Franca Angelini, *Il teatro di Genet : dagli specchi ai paraventi*, Palerme, Palumbo, 1975.

Bernard Dort, *Théâtre en jeu (1970-1978)*, Le Seuil, 1979.

Yvette Yvonne Marie Went-Daoust, *Le Symbolisme des objets et l'espace mythique dans le théâtre de Jean Genet*, Oegstgeest, Drukkerij De Kempenaer, 1980.

Monique Borie, *Mythe et réalité aujourd'hui. Une quête impossible ? Beckett, Genet, Grotowski, le Living Theatre*, Nizet, 1981.

Roger Blin, *Souvenirs et propos* recueillis par Lynda Bellity Peskine, Gallimard, coll. « Blanche », 1986.

REVUES ET OUVRAGES COLLECTIFS

Cahiers Renaud-Barrault, n° 57, novembre 1966.

Genet, *Obliques*, n° 2, 3ᵉ trimestre 1972.

« Jean Genet par lui-même », *Magazine littéraire*, n° 174, juin 1981 (voir aussi n° 27, mars 1969 et n° 313, septembre 1993).

« Dossier Jean Genet », *Masques*, n° 12, hiver 1981/1982.

Les Nègres au port de la lune : Genet et les différences, La Différence, Bordeaux, 1988.

Jean Genet, *Chiavi di Lettura*, colloque de Parme 1989, textes réunis par Albert Dichy, A.N.C.T., 1990.

Jean Genet, *Europe*, n° 808-809, août-septembre 1996.

NOTES

Page 29.

1. La plupart des personnages principaux de la pièce sont repris du scénario *Le Bagne* : Santé Forlano, Rocky, Ferrand, Roger, Marchetti, ainsi que le Directeur, l'Aumônier et le Sous-Directeur dont Genet dresse un portrait minutieux dans ses indications cinématographiques. Mais alors que l'auteur n'avait dressé la liste, pour le film, que des huit figures principales, il élargit la distribution, pour la pièce, à cinquante-cinq personnages. La pièce est donc passée d'un personnel dramatique similaire à celui de *Splendid's* à un autre, presque comparable à celui des *Paravents*. Ce seul point permet de mesurer l'influence sur *Le Bagne* des pièces écrites à partir de 1955.

Parmi les noms des personnages, on notera que Leroy, Rival et Rocky proviennent de *Miracle de la rose* où ils sont tous trois des colons de Mettray (Rocky, détenu par la suite à Clairvaux, est condamné au bagne) ; le scénario de film nous révèle, en outre, son « vrai » nom qui est Morvan (*Le Bagne*, L'Arbalète, 1994, p. 156) ; Marchetti, présenté comme « un trop beau nom pour qu'on lui cherche un prénom », figurait déjà dans *Notre-Dame-des-Fleurs* (Gallimard, coll. « Folio », p. 127), et désignait un beau Corse blond de trente ans pareillement destiné au bagne ; et Roger, prénom fort usité par Genet, se retrouve aussi dans

Notre-Dame-des-Fleurs, *Querelle de Brest* ou *Le Balcon*. On relèvera le clin d'œil à l'histoire : de Xaintrailles, mais avec un « s » final, était le nom d'un des compagnons de Jeanne d'Arc et de Gilles de Rais, figures fréquemment évoquées par l'auteur, notamment dans *Miracle de la rose* et *Journal du voleur*. Gloster vient de Shakespeare (Gloucester, dans *Le Roi Lear*) ; Stavros est le nom d'une ville de la Grèce du Nord ; Santé est un clin d'œil appuyé à la prison du même nom ; Leroy se retrouve aussi dans la première version des *Paravents* (*Les Mères*, 1958) et Komac (ou comac) est un mot d'argot qui signifie « exceptionnel ». La liste des personnages du *Bagne* met en relief un élément remarquable : l'absence totale de femmes dans la pièce, si l'on excepte les personnages fantasmatiques que sont certaines des Victimes et la Lune. Sur ce point, Genet s'était expliqué dans un commentaire du scénario de film : « J'ai choisi, sans doute trop arbitrairement, de placer mon bagne au centre du désert et de le priver totalement de femmes, même les gardiens, même les soldats noirs n'ont pas le droit d'y conduire leurs épouses. Est-ce tricher ? Oui, si le public s'en étonne, se pose la question, et que je ne sache y répondre. La fiction doit obéir à des exigences. Elle respecte non le monde traditionnel, mais une vraisemblance plus secrète. Le récit intitulé *Le Bagne* est donc un drame pédérastique, et rien d'autre. Toutefois, je me demande si la vérité et la violence lyrique des images n'arriveront pas à lui donner un pouvoir poétique assez grand pour captiver le spectateur le plus éloigné d'un tel égarement ? » (*Le Bagne*, L'Arbalète, *op. cit.*, p. 139-140).

Page 31.

1. Genet semble avoir pour objectif de casser le dispositif orthogonal de la boîte à l'italienne en insérant à l'intérieur de son volume « *un mur formant un angle obtus* ». Toutes les esquisses maladroites de plantation proposées par Genet évoquent plutôt un paravent à quatre branches,

déployé de façon à créer cet angle obtus. Dans la première esquisse (reproduite dans l'édition du *Bagne* de 1994, *op. cit.*, p. 15), ce paravent est dit « en barbelés noirs ». D'autre part, ce mur-paravent est praticable puisqu'il sert de chemin de ronde. Si ces indications scéniques datent de la première rédaction de la pièce (1949), elles manifestent de la part de Genet une grande audace en comparaison avec l'espace clos et figé de *Haute surveillance* et des *Bonnes*. Ici on a affaire à un espace mixte, à la fois intérieur et extérieur : la première scène entre Abel et les sentinelles se joue, en paroles, sur le chemin de ronde, tandis qu'au sol, dans une action muette, des bagnards roulent « *dans l'angle du mur une sorte d'échafaud* ». De plus l'espace est double : celui des coulisses est évoqué par un bruit et des voix (« *roulement de tambour* », « *commandement* ») ainsi que par le geste d'Abel « *montrant l'espace derrière le chemin de ronde* ». Cet espace extérieur est lui-même dédoublé : proche pour ce qui est de l'exécution capitale (voir *supra*, p. 32, n. 1), lointain pour ce qui est du désert de sable qui s'étend à l'infini au-delà de l'enceinte du bagne. On verra un peu plus loin, à la fin du tableau I, que cet espace est extensible, et plus loin encore (au tableau II) qu'il est mobile. Cette souplesse de l'espace scénique est un premier signe de l'influence de l'écriture cinématographique sur la pièce.

2. « *Un uniforme blanc [...] un étui à revolver de cuir noir* » : l'opposition du noir et du blanc relève du système car Genet précise sur la page hors texte où est esquissée la plantation du décor : « Les Nègres sont joués par des acteurs blancs passés au noir » (page reproduite dans *Le Bagne*, L'Arbalète, *op. cit.*, p. 15). La couleur est donc symbolique : tout est noir en eux tandis que les surveillants sont tout de blanc vêtus à l'exception du baudrier et de l'étui à revolver, noirs. Si l'on ajoute que les bagnards sont également habillés de couleurs claires (« *pantalon et blouse à longues rayures blanches et mauves [...] chapeau de paille blanche* »), deux mondes paraissent s'opposer : les servants du bagne (surveillants et prisonniers) d'un côté, de l'autre

les auxiliaires étrangers au bagne et qui entendent le rester : ceux-ci ont à l'égard du bagne une attitude de dérision (ils «*éclatent de rire*») et de méfiance. Au tableau III, on retrouvera une même opposition entre le noir de la tenue du Directeur et le blanc de ses deux adjoints.

Page 32.

1. Une exécution capitale a lieu dans la coulisse. On n'en perçoit le déroulement qu'indirectement : le «*Décoiffez !*» est l'ordre que l'on donne aux bagnards (tous assemblés pour l'occasion) d'ôter leur coiffure au moment où le couperet va tomber; le «*Recoiffez !*» signifie que la «cérémonie» est achevée. Genet ménage donc ses effets : il nous fait assister par transfert de signifiants (le bruit et la voix au lieu de la vision) à une exécution capitale. Tout le premier tableau est bien, comme le dit Genet en notes manuscrites, un «hymne à la guillotine», passablement insoutenable, même si l'exécution n'a pas lieu sous les yeux des spectateurs.

Page 35.

1. En entrant sur le plateau, Ferrand efface les personnages précédents qui disparaissent du champ de vision, comme gommés par le déplacement de la caméra au beau milieu d'une phrase. Le fait que Ferrand et Franchi entrent à reculons signale une sorte de retournement du décor : ils sortent en scène pour ainsi dire, venant de l'autre scène, la scène primitive de l'exécution capitale. En fait, Ferrand n'est pas encore tout à fait entré puisqu'il ne le fait qu'avec son geste d'écarter les deux vantaux imaginaires d'une porte.

2. Genet se souvient ici de la procession qui, lors de la messe des Rameaux, fait sortir le clergé en grande pompe par la porte principale de l'église. On la ferme derrière lui; il revient et frappe pour qu'on lui ouvre, symbolisant par là l'entrée du Christ à Jérusalem. Genet fait, dans son

œuvre, de très fréquentes allusions à la fête des Rameaux, dont la célébration l'avait frappé durant son enfance dans le Morvan. Voir le scénario des *Rêves interdits* ou *Notre-Dame-des-Fleurs* (Gallimard, coll. « Folio », p. 81) : « Ils somment d'ouvrir, comme le clergé à la porte fermée de l'église le jour des Rameaux. » Genet superpose deux références : celle de la liturgie catholique et celle du sacre de l'empereur Napoléon et de l'impératrice Joséphine pénétrant dans la cathédrale Notre-Dame de Paris.

Page 36.

1. Le jeu avec la « coulisse » continue. Franchi et Ferrand voient et racontent ce qui s'y passe et que les spectateurs ne voient pas. C'est le procédé de la teichoscopie.

Page 37.

1. Les « rosiers » sont les assistants du bourreau. Le mot appartient à l'argot du bagne.
2. Au bagne, rôde non seulement la mort, mais aussi le néant. L'amidon qui empêche le surveillant Franchi de s'« effondrer » a le même usage prophylactique que les ornements pour les sentinelles : sans ces derniers (bijoux divers qui les lestent), les sentinelles risquent de s'affaler, de s'endormir.

Page 40.

1. « Toute ma vie est en elle » : cette phrase, toute paradoxale qu'elle est, est centrale. Le bagne, la guillotine et la mort sont en liaison métonymique ; contenant pour contenu et cause pour effet, et seul le dernier terme importe. La mort seule est le sujet de la pièce : la mort qu'on donne (c'est le rôle de Ferrand le bourreau et du Directeur), la mort en travail (pour Rocky le tuberculeux), la mort qu'on provoque (c'est le cas de Forlano), la mort subie (par les victimes).
2. Dans la façon dont Ferrand quitte la scène comme il

y était entré, on décèle la même technique d'écriture cinématographique. Les personnages et les objets disparaissent, absorbés par le noir : c'est la lumière qui les fait exister. Le mur du fond-chemin de ronde, en s'ouvrant et en se refermant, agit comme un obturateur d'appareil photographique : il crée l'image ou l'annule.

Page 41.

1. De façon tout à fait curieuse Genet visualise l'ensemble de la scène avant son déroulement ; il en donne, comme au cinéma, une image tabulaire et non linéaire comme c'est la coutume au théâtre : les «*deux soldats nègres*», est-il écrit dans une sorte de récit préliminaire, «*qui étaient comme accroupis sur le chemin de ronde, se relèvent en astiquant [...]*». Or ce geste, ils ne le feront qu'une fois achevé le long dialogue à une voix de Roger, un peu plus loin : «*[...] les deux soldats qui étaient accroupis, se sont relevés, tout en astiquant [...].*» Priorité est donnée à l'espace sur le temps. Ce qui importe est de percevoir ensemble les deux niveaux de jeu : en haut les Nègres, en bas Roger à l'angle du mur de la construction sortie des coulisses. En fait, l'espace est triple : deux sont visibles ; le troisième, masqué par le mur de la construction, est révélé par la toux de son occupant.

Page 42.

1. Cette image des sabots «travaillés» émane d'un souvenir de la colonie de Mettray où les colons s'ingéniaient à tailler les leurs pour les rendre plus élégants. *Miracle de la rose* évoque ainsi les «galoches légères appointées avec l'aide d'un morceau de verre, si bien rabotées que le bois en était aussi fragile qu'un parchemin» (Gallimard, «coll. Folio», p. 191).

Page 45.

1. Genet fournit ici les éléments d'information propres

à éclairer les indications lacunaires de la page 32 (voir n. 1). Il y a ici une sorte de collusion temporelle entre *Le Bagne* et *Miracle de la rose* qui se recoupent à nouveau. Dans le roman, le narrateur Genet dit, en effet, avoir assisté à l'enterrement de Stoclay (également orthographié Stoklay), qui fut l'un de ses amants à la colonie pénitentiaire de Mettray (Gallimard, coll. «Folio», p. 250), et note la ressemblance de son nom avec celui de l'assassin guillotiné Soclay, à qui il rend hommage dans *Notre-Dame-des-Fleurs* (Gallimard, coll. «Folio», p. 109).

Page 46.

1. Les «cloches» étaient, dans l'argot de la colonie de Mettray décrit dans *Miracle de la rose*, les plus faibles des colons, au bas d'une hiérarchie dominée par les «marles» et les «caïds».

Page 47.

1. «C'est de mon ventre que sort le désespoir qui me donne la force d'astiquer le soleil» : de témoin, Black devient, par soleil interposé, une puissance destructrice. En astiquant le soleil-sexe, il provoque la lutte entre Roger et Laurenti. C'est la liaison d'Éros et d'Éris, la personnification de la discorde.

Page 50.

1. Conformément aux dessins de Genet, le mur de la prison (du mitard) est constitué d'un «*paravent*» qui, au début du tableau II, était désigné comme «*deux éléments de décors formant l'angle droit d'une construction blanche (chaulée)*». Dans la mesure où il n'y a pas d'interruption dans le déroulement du tableau, la réalisation de ce mouvement suppose le recours à une scène tournante, à moins que Genet ne songe à un mouvement de caméra. L'absorption du décor dans la coulisse, tandis que les deux sentinelles noires sont toujours debout sur le chemin de ronde, exige

une machinerie lourde envisagée par Genet qui précise un peu plus loin : « *Le décor blanc recule.* » Là encore, cependant, il semble plutôt que l'effacement du décor et de Roger soit produit par l'équivalent d'un travelling arrière cinématographique : il donne l'impression que les personnages reculent et disparaissent.

Page 52.

1. Genet a choisi ici trois grandes amoureuses, victimes de leur passion ; de la même façon, le Directeur estime que ce sont les administrateurs les victimes du bagne. *Manon* est à la fois un opéra de Massenet (inspiré du roman de l'Abbé Prévost), pour lequel il faudrait un lustre (dans la salle), et un personnage qui mourrait au bagne, ce qui n'est le cas ni de la vraie Manon ni de l'Économe. Quant à Carmen et à son peigne, c'est une allusion précise au récit de Mérimée (qui inspira à Bizet son opéra), où Don José raconte comment il retrouve Carmen dans les rues de Gibraltar : « Je lève la tête, et je vois à un balcon Carmen, accoudée avec un officier en rouge, épaulettes d'or, cheveux frisés, tournure d'un gros mylord. Pour elle, elle était habillée superbement : un châle sur les épaules, un peigne d'or, toute en soie (*Carmen*, Gallimard, coll. « Folio classique », p. 98). Le peigne en question est une résille de soie dorée, une sorte de mantille qui lui couvre la tête. Il est question à plusieurs reprises de « son grand œil noir ». Mais point d'œillet rouge dans le récit de Mérimée : lors de sa première rencontre avec Don José, « elle avait dans les cheveux un gros bouquet de jasmin » (*op. cit.*, p. 56) et elle lui lance « la fleur de cassie qu'elle avait à la bouche » (*op. cit.*, p. 71), le cassie étant une fleur jaune et non rouge. Une « mousmé » (ou mousmée) est une jeune Japonaise avant de désigner simplement une femme ou une maîtresse.

Page 54.

1. Par ce mot de « théâtre », Genet donne la clé de ce

tableau, véritable pièce dans la pièce avec ses accessoires (éventail, lutrin, registre), avec ses comparses et son meneur de jeu, le Directeur, maître du langage et du tempo imposé à celui qu'il croit dominer. Mais le vainqueur de l'affrontement est celui qui refuse un certain théâtre en esquivant les pièges du dialogue ; néanmoins il théâtralise son geste en l'accompagnant d'une phrase d'une totale superbe.

Page 55.

1. Genet — ou le Directeur — commet une petite erreur lexicale. Dans l'argot du bagne, le « plan » n'est pas le plan d'évasion mais un tube dans lequel les bagnards cachaient leurs économies.

Page 61.

1. « C'est moi qui passe ! » : cette réplique n'apparaît que dans la dernière version manuscrite. Dans les précédentes, comme dans le scénario, Forlano disait, après avoir lâché un pet : « Mozart ! »

Page 63.

1. La « limace », en argot, désigne la chemise.

Page 64.

1. Genet recourt une nouvelle fois au procédé de la teichoscopie pour informer les spectateurs de ce que les sentinelles seules voient du haut du chemin de ronde. L'originalité, ici, tient au fait que la teichoscopie narrative est pour une part prémonitoire et s'arrête au moment où les personnages entrent dans le champ visuel des spectateurs, c'est-à-dire sur scène.

Page 68.

1. Forlano est traité d'« envergué » car, pour venir d'Europe en Guyane, il a été, pour ainsi dire, attaché à la

vergue du bateau comme l'est d'ordinaire la voile. L'expression figure déjà dans *Notre-Dame-des-Fleurs* parmi « ces mots d'argot qui fusent des lèvres des macs » et qui « retournent » le narrateur : « la magnificence d'une telle œuvre — le pal par une vergue — me fit trembler de la tête aux pieds » (Gallimard, coll. « Folio », p. 283).

Page 75.

1. L'utilisation d'un panneau percé de trous que des têtes viennent occuper fait référence à un décor couramment exploité par les photographes de fêtes foraines : le décor est peint (avion, bateau, costumes militaires ou autres) et le photographié, en venant placer sa tête dans le trou, donne lieu à une image cocasse. On possède par exemple un photo-montage de ce type avec Salvador Dali et Federico Garcia Lorca « en avion ». Sans abus d'interprétation, on peut dire que ce panneau constitue comme un paravent que les victimes viennent, partiellement, crever de leurs têtes. La scène alors est d'outre-tombe : ce sont les morts qui jugent les vivants et dégonflent leur faux héroïsme de tueurs. Dans cet emploi du panneau-paravent et le renversement de perspective, il y a comme une préfiguration (ou un souvenir) des derniers tableaux des *Paravents*.

Page 76.

1. Les adjectifs se rapportant au « Pédé », d'abord au masculin dans l'indication scénique qui le présente, sont presque toujours au féminin dans les répliques qui suivent.

Page 80.

1. « Vichy, Spa et Baden-Baden » sont trois stations thermales réputées, respectivement française, belge et allemande, fréquentées par la bourgeoisie internationale.

Page 81.

1. Le « prévôt » est un détenu affecté à une tâche auxiliaire de surveillance.

Page 84.

1. La scénographie de ce tableau est complexe : non seulement le décor est mobile (il sort de la coulisse), mais il pivote sur lui-même, donnant à voir ses faces extérieure puis intérieure. La combinaison des deux mouvements est quasiment impossible sur une scène classique à l'italienne.

2. « Liquette » et « tire-jus » sont des termes du langage familier. Constamment Genet (notamment dans les tirades du Directeur) joue sur le mélange des niveaux de langue, introduisant dans un langage soutenu des mots d'un vocabulaire très quotidien (mouflet, frimousse, minos, binette, fortiche...).

Page 88.

1. Une « Bayadère » est une danseuse des Indes, en partie voilée ; une « Clarisse » est une religieuse de l'ordre de Sainte-Claire ; *Les Mousquetaires au couvent* est une opérette de Louis Varney (livret de Jules Prével et Paul Ferrier), créée aux Bouffes-Parisiens en 1880. Une « Paimpolaise » est une coiffe en forme de bonnet plat amidonné vers l'arrière, avec deux brides pendant sur les côtés ; les « manches pagodes » sont étroites au coude et larges au poignet ; les manches « à la mandchoue » et « à la napolitaine » semblent bien être une invention de Genet. *La Princesse lointaine* est une pièce d'Edmond Rostand, créée au théâtre de la Renaissance en 1895 ; Genet, on le sait, était très amateur de son théâtre.

Page 89.

1. Cette phrase s'explique si l'on se réfère au « manuscrit 1 » beaucoup plus explicite. Dans l'argot du bagne, le

« fraisier » est un tatouage et l'ensemble constitue un « jardin potager » : « Il me reste, dit Stavros, le dos à garnir, la jambe. *(Il se tourne.)* Mais tout est prévu. Sur le mollet gauche, on me piquera un fraisier. Tout mon ventre, ma poitrine et mes cuisses sont un jardin potager, mais le dos, je le réserve à l'ornement : liseron et pervenches, partant du cul vers les omoplates. »

2. « Je me perfectionne » : cette phrase n'est pas sans évoquer celle que prononce Malika à la fin du deuxième tableau des *Paravents* : « On se perfectionne pour Dieu » (Gallimard, coll. « Folio théâtre », p. 35). La perversion est l'objet de toute une ascèse et « Dieu », la récompense d'un effort soutenu.

Page 93.

1. C'est à travers ces phrases que Forlano prend une dimension mythique : il devient l'axe du monde et du cosmos ; il est de plus sans regrets ni remords. Il est l'assassin pur qui « a su se faire une place au soleil de la gloire ». La « victime » dont parle Rocky un peu plus loin est « une jeune fille violée » de « dix-sept ou dix-huit ans » selon les termes de Genet (p. 74). Rocky l'a tuée mais, en la violant, il l'a métaphoriquement rendue mère d'un fils qui aurait pu être Forlano lui-même.

Page 104.

1. « Un jour passe.../ La nuit demeure./ Les jours passent./ La nuit demeure » : on pense ici au refrain d'Apollinaire dans *Le Pont Mirabeau* : « Les jours s'en vont je demeure »

Page 110.

1. Le *Libera me* (début du psaume *Libera me, Domine, de morte aeterna, in die illa tremenda* : « Délivre-moi, Seigneur, de la mort éternelle en ce jour redoutable »...) est un

psaume chanté avec le *Dies irae* lors de l'absoute et de l'inhumation des morts, dans le rite catholique.

Page 118.

1. Le bagne comme quintessence du Mal et antichambre de la Mort est impersonnel et anonyme. Contre l'absorption dans un néant qui à la fois les annule et les fascine, les bagnards peinent à assurer une identité souvent incertaine et flottante. D'où la présence de ce thème, tout au long de la pièce, sous des formulations diverses. Fixer une identité ou s'attribuer une identité fixe est un leurre ou une utopie. Restera de toute façon sans réponse la question sur le sens de cette identité, question qui ne se satisfait pas du constat de sa réalité.

RÉSUMÉ

Construit, d'apparence, comme une pièce classique, *Le Bagne* repose sur une situation étale dont un événement vient rompre l'équilibre, avant que l'élimination de l'élément perturbateur ne permette de revenir à la bonace initiale. Mais que cette structure traditionnelle ne fasse pas illusion : les jours tranquilles que vit le bagne avant l'arrivée de Forlano, le fauteur de troubles, sont marqués au sceau de l'étrange : sentinelles noires qui s'expriment comme des poètes ; routine sanglante des exécutions réglées par Ferrand, fonctionnaire de l'horreur ; manigances du papillonnant Roger, sorte de gavroche des bas-fonds, fournisseur en mégots d'un Rocky hargneux qui constelle les murs de sa cellule de ses crachats de « tubard » ; personnel dirigeant avec Directeur, Sous-Directeur, Économe : figures burlesques et asexuées d'opéra comique qui fantasment à leur propre usage un bagne nostalgique. La seule tension réside dans la rivalité de Ferrand et de Rocky : « Comment tout ça va finir ? » se demande le Directeur.

Survient Forlano, tout juste débarqué à la Guyane, et tout va basculer. Le Directeur commence par le soumettre à l'épreuve initiatique de la lecture du grand Catalogue, martyrologe du crime. Dans les jeux de pouvoir qui régissent les rapports des forçats entre eux et avec l'administration pénitentiaire, Forlano va se révéler le plus fort par sa morgue et plus encore par son silence. Refusant d'entonner le chant de la repentance, il désarçonne le Directeur par un pet retentissant. La troupe de bagnards, devant qui Forlano défile, n'a pas davantage prise sur lui, malgré les crachats et les injures reçus. Tout en l'insultant, les bagnards revivent leurs crimes et convoquent leurs victimes. Voici celles-ci qui surgissent du néant, dans une scène à l'intense pouvoir d'évocation magique : les assassinés — un footballeur, un «pédé», une veuve et une vieille —, figés à l'instant de leur mort, décrivent sans haine leur rencontre fatale avec leurs meurtriers, tout en devisant paisiblement entre eux. Ils se font la voix d'un jeune Noir, victime raciale de «deux brutes blondes. Et magnifiques».

Indépendamment de son inachèvement — ce qui a quelques incidences sur la composition de la pièce —, *Le Bagne* est animé, dans sa scénographie comme dans l'enchaînement abrupt de ses séquences, d'une mobilité qui en change constamment les angles de vue. Cette agilité de l'œil-caméra de Genet glisse de l'intérieur à l'extérieur, de scènes de foules itinérantes à un duo immobile où le gardien Marchetti y excite la jalousie de Rocky à l'encontre de Ferrand ; à un tableau de genre à la Zola où ce vaurien de Roger fait son théâtre et met dans sa poche ceux qui lui cherchaient noise ; à une scène dans la cour du bagne où les punis — Ferrand est du nombre — sont soumis au mépris brutal et au sadisme conjoints de Rocky, promu garde-chiourme, et des gardiens qui comptent les coups. Rocky chante sa mort, misérable et glorieux : «Je tousse comme un roi tonne, ordonne, administre et pète.»

La rivalité de Rocky et de Ferrand atteint des dimensions cosmiques car leur histoire est prise en charge par la Lune et le Soleil qui, témoins supérieurs, comme les dieux de l'*Iliade*, élèvent la petite vie de ces petits hommes à la hauteur d'un combat des entités : le jour contre la nuit, le mâle contre le féminin. L'intervention des astres en précède une autre qui résout, à mots couverts, dans un sens inattendu, les énergies longtemps comprimées. Une troupe de Nègres (sans doute des sentinelles) révèle au milieu des rires que Marchetti, en se collant à l'œilleton d'une cellule, s'est fait crever l'œil et qu'il en est mort. Drame mystérieux que le Directeur essaie de tirer au clair en compagnie de l'Aumônier. Mais là où l'administrateur raisonne en termes de culpabilité clairement définie et tient pour assassin Forlano devant la cellule de qui Marchetti s'est écroulé, l'Aumônier, avec scepticisme, estime impossible l'attribution du crime à l'un plutôt qu'à l'autre, puisque successivement Ferrand, Rocky et Forlano s'en sont accusés. Le Directeur choisit de condamner Forlano à mort ; il n'en est pas moins effondré, non à cause du crime lui-même mais pour ses conséquences : ce crime rompt l'ordre de son monde, l'ordre du monde car « le bagne, mais c'est la cour du Roi-Soleil en plein soleil et dans la mort ».

Forlano, si c'est bien lui le coupable, a réussi par son acte à se hausser au rang de démiurge noir, de constructeur d'un antimonde. Mais il est aussi un homme, moyen à tous égards, dont Rocky dessine pour lui seul le portrait en traçant des signes « d'une écriture invisible », avec amour. Ferrand aussi l'aime, qui entre en le portant dans ses bras avant de l'offrir à la guillotine. Celle-ci fait son œuvre et le Directeur, en guise d'oraison funèbre, prononce un mot de la fin qui ouvre toutes sortes de perspectives sur les sens dont la pièce est susceptible, laissant entendre à tout le moins que le monde du bagne est définitivement fermé aux « caves ».

Pièce à coup sûr singulière par une exploitation intense de l'espace scénique combinée avec un usage surabondant des récits et par sa poésie inquiétante et un peu folle. Sa tonalité va du sarcasme agressif à une gaieté gamine, avec un goût prononcé pour l'insupportable et le laid. Au *Bagne* conviendrait bien la définition que Genet donne de la tragédie, complexe jusqu'à l'insaisissable : « Je crois que la tragédie peut être décrite comme ceci : un rire énorme que brise un sanglot qui renvoie au rire originel, c'est-à-dire à la pensée de la mort[1]. »

1. *Les Paravents*, commentaires du sixième tableau, Gallimard, coll. « Folio-théâtre », p. 71.

DU MÊME AUTEUR

Dans la même collection

LES PARAVENTS. *Édition présentée et établie par Michel Corvin.*

LES BONNES. *Édition présentée et établie par Michel Corvin.*

LE BALCON. *Édition présentée et établie par Michel Corvin.*

LES NÈGRES. *Édition présentée et établie par Michel Corvin.*

HAUTE SURVEILLANCE. *Édition présentée et établie par Michel Corvin.*

COLLECTION FOLIO THÉÂTRE

DERNIÈRES PARUTIONS

22. Eugène LABICHE : *Brûlons Voltaire!* précédé de *Un monsieur qui a brûlé une dame, La Dame aux jambes d'azur, L'Amour, un fort volume, prix 3F 50C, La Main leste, Le Cachemire X. B. T.* Édition présentée et établie par Olivier Barrot et Raymond Chirat.
23. Jean RACINE : *Phèdre.* Édition présentée et établie par Christian Delmas et Georges Forestier.
24. Jean RACINE : *Bajazet.* Édition présentée et établie par Christian Delmas.
25. Jean RACINE : *Britannicus.* Édition présentée et établie par Georges Forestier.
26. GOETHE : *Faust.* Préface de Claude David. Traduction nouvelle de Jean Amsler. Notes de Pierre Grappin.
27. William SHAKESPEARE : *Tout est bien qui finit bien.* Édition de Gisèle Venet. Traduction nouvelle de Jean-Michel Déprats et Jean-Pierre Vincent.
28. MOLIÈRE : *Le Misanthrope.* Édition présentée et établie par Jacques Chupeau.
29. BEAUMARCHAIS : *Le Barbier de Séville.* Édition présentée et établie par Françoise Bagot et Michel Kail.
30. BEAUMARCHAIS : *Le Mariage de Figaro.* Édition présentée et établie par Françoise Bagot et Michel Kail.
31. Richard WAGNER : *Tristan et Isolde.* Préface de Pierre Boulez. Traduction nouvelle d'André Miquel. Édition bilingue.
32. Eugène IONESCO : *Les Chaises.* Édition présentée et établie par Michel Lioure.
33. William SHAKESPEARE : *Le Conte d'hiver.* Préface et traduction d'Yves Bonnefoy.
34. Pierre CORNEILLE : *Polyeucte.* Édition présentée et établie par Patrick Dandrey.
35. Jacques AUDIBERTI : *Le mal court.* Édition présentée et établie par Jeanyves Guérin.

36. Pedro CALDERÓN DE LA BARCA : *La vie est un songe.* Traduction nouvelle et notes de Lucien Dupuis. Préface et dossier de Marc Vitse.

37. Victor HUGO : *Ruy Blas.* Édition présentée et établie par Patrick Berthier.

38. MOLIÈRE : *Le Tartuffe.* Édition présentée et établie par Jean Serroy.

39. MARIVAUX : *Les Fausses Confidences.* Édition présentée et établie par Michel Gilot.

40. Hugo von HOFMANNSTHAL : *Le Chevalier à la rose.* Édition de Jacques Le Rider. Traduction de Jacqueline Verdeaux.

41. Paul CLAUDEL : *Le Soulier de satin.* Édition présentée et établie par Michel Autrand.

42. Eugène IONESCO : *Le Roi se meurt.* Édition présentée et établie par Gilles Ernst.

43. William SHAKESPEARE : *La Tempête.* Préface et traduction nouvelle d'Yves Bonnefoy. Édition bilingue.

44. William SHAKESPEARE : *Richard II.* Édition de Margaret Jones-Davies. Traduction nouvelle de Jean-Michel Déprats. Édition bilingue.

45. MOLIÈRE : *Les Précieuses ridicules.* Édition présentée et établie par Jacques Chupeau.

46. MARIVAUX : *Le Triomphe de l'amour.* Édition présentée et établie par Henri Coulet.

47. MOLIÈRE : *Dom Juan.* Édition présentée et établie par Georges Couton.

48. MOLIÈRE : *Le Bourgeois gentilhomme.* Édition présentée et établie par Jean Serroy.

49. Luigi PIRANDELLO : *Henri IV.* Édition de Robert Abirached. Traduction de Michel Arnaud.

50. Jean COCTEAU : *Bacchus.* Édition présentée et établie par Jean Touzot.

51. John FORD : *Dommage que ce soit une putain.* Édition de Gisèle Venet. Traduction nouvelle de Jean-Michel Déprats.

52. Albert CAMUS : *L'État de siège.* Édition présentée et établie par Pierre- Louis Rey.

53. Eugène IONESCO : *Rhinocéros.* Édition présentée et établie par Emmanuel Jacquart.

54. Jean RACINE : *Iphigénie.* Édition présentée et établie par Georges Forestier.

55. Jean GENET : *Les Bonnes.* Édition présentée et établie par Michel Corvin.

56. Jean RACINE : *Mithridate.* Édition présentée et établie par Georges Forestier.

57. Jean RACINE : *Athalie.* Édition présentée et établie par Georges Forestier.

58. Pierre CORNEILLE : *Suréna.* Édition présentée et établie par Jean-Pierre Chauveau.

59. William SHAKESPEARE : *Henry V.* Édition de Gisèle Venet. Traduction nouvelle de Jean-Michel Déprats. Édition bilingue.

60. Nathalie SARRAUTE : *Pour un oui ou pour un non.* Édition présentée et établie par Arnaud Rykner.

61. William SHAKESPEARE : *Antoine et Cléopâtre.* Préface et traduction nouvelle d'Yves Bonnefoy. Édition bilingue.

62. Roger VITRAC : *Victor ou les enfants au pouvoir.* Édition présentée et établie par Marie-Claude Hubert.

63. Nathalie SARRAUTE : *C'est beau.* Édition présentée et établie par Arnaud Rykner.

64. Pierre CORNEILLE : *Le Menteur. La Suite du Menteur.* Édition présentée et établie par Jean Serroy.

65. MARIVAUX : *La Double Inconstance.* Édition présentée et établie par Françoise Rubellin.

66. Nathalie SARRAUTE : *Elle est là.* Édition présentée et établie par Arnaud Rykner.

67. Oscar WILDE : *L'Éventail de Lady Windermere.* Édition de Gisèle Venet. Traduction de Jean-Michel Déprats.

68. Eugène IONESCO : *Victimes du devoir.* Édition présentée et établie par Gilles Ernst.

69. Jean GENET : *Les Paravents.* Édition présentée et établie par Michel Corvin.

70. William SHAKESPEARE : *Othello.* Préface et traduction nouvelle d'Yves Bonnefoy. Édition bilingue.

71. Georges FEYDEAU : *Le Dindon.* Édition présentée et établie par Robert Abirached.

72. Alfred de VIGNY : *Chatterton.* Édition présentée et établie par Pierre- Louis Rey.

73. Alfred de MUSSET : *Les Caprices de Marianne.* Édition présentée et établie par Frank Lestringant.

74. Jean GENET : *Le Balcon.* Édition présentée et établie par Michel Corvin.

75. Alexandre DUMAS : *Antony.* Édition présentée et établie par Pierre-Louis Rey.

76. MOLIÈRE : *L'Étourdi.* Édition présentée et établie par Patrick Dandrey.

77. Arthur ADAMOV : *La Parodie.* Édition présentée et établie par Marie-Claude Hubert.

78. Eugène LABICHE : *Le Voyage de Monsieur Perrichon.* Édition présentée et établie par Bernard Masson.

79. Michel de GHELDERODE : *La Balade du Grand Macabre.* Préface de Guy Goffette. Édition de Jacqueline Blancart-Cassou.

80. Alain-René LESAGE : *Turcaret.* Édition présentée et établie par Pierre Frantz.

81. William SHAKESPEARE : *Le Songe d'une nuit d'été.* Édition de Gisèle Venet. Traduction de Jean-Michel Déprats. Édition bilingue.

82. Eugène IONESCO : *Tueur sans gages.* Édition présentée et établie par Gilles Ernst.

83. MARIVAUX : *L'Épreuve.* Édition présentée et établie par Henri Coulet.

84. Alfred de MUSSET : *Fantasio.* Édition présentée et établie par Frank Lestringant.

85. Friedrich von SCHILLER : *Don Carlos.* Édition de Jean-Louis Backès. Traduction de Xavier Marmier, revue par Jean-Louis Backès.

86. William SHAKESPEARE : *Hamlet.* Édition de Gisèle Venet. Traduction de Jean-Michel Déprats. Édition bilingue.

87. Roland DUBILLARD : *Naïves hirondelles.* Édition présentée et établie par Michel Corvin.

88. Édouard BOURDET : *Vient de paraître.* Édition présentée et établie par Olivier Barrot et Raymond Chirat.

89. Pierre CORNEILLE : *Rodogune.* Édition présentée et établie par Jean Serroy.

90. MOLIÈRE : *Sganarelle.* Édition présentée et établie par Patrick Dandrey.

91. Michel de GHELDERODE : *Escurial* suivi de *Hop signor!* Édition présentée et établie par Jacqueline Blancart-Cassou.

92. MOLIÈRE : *Les Fâcheux.* Édition présentée et établie par Jean Serroy.

93. Paul CLAUDEL : *Le Livre de Christophe Colomb.* Édition présentée et établie par Michel Lioure.

94. Jean GENET : *Les Nègres.* Édition présentée et établie par Michel Corvin.

95. Nathalie SARRAUTE : *Le Mensonge.* Édition présentée et établie par Arnaud Rykner.

96. Paul CLAUDEL : *Tête d'Or.* Édition présentée et établie par Michel Lioure.

97. MARIVAUX : *La Surprise de l'amour* suivi de *La Seconde Surprise de l'amour.* Édition présentée et établie par Henri Coulet.

98. Jean GENET : *Haute surveillance.* Édition présentée et établie par Michel Corvin.

99. LESSING : *Nathan le Sage.* Édition et traduction nouvelle de Dominique Lurcel.

100. Henry de MONTHERLANT : *La Reine morte.* Édition présentée et établie par Marie-Claude Hubert.

101. Pierre CORNEILLE : *La Place Royale.* Édition présentée et établie par Jean Serroy.

102. Luigi PIRANDELLO : *Chacun à sa manière.* Édition de Mario Fusco. Traduction de Michel Arnaud.

103. Jean RACINE : *Les Plaideurs.* Édition présentée et établie par Georges Forestier.

104. Jean RACINE : *Esther.* Édition présentée et établie par Georges Forestier.

105. Jean ANOUILH : *Le Voyageur sans bagage.* Édition présentée et établie par Bernard Beugnot.

106. Robert GARNIER : *Les Juives.* Édition présentée et établie par Michel Jeanneret.

107. Alexandre OSTROVSKI : *L'Orage.* Édition et traduction nouvelle de Françoise Flamant.

108. Nathalie SARRAUTE : *Isma.* Édition présentée et établie par Arnaud Rykner.

109. Victor HUGO : *Lucrèce Borgia.* Édition présentée et établie par Clélia Anfray.

110. Jean ANOUILH : *La Sauvage.* Édition présentée et établie par Bernard Beugnot.

111. Albert CAMUS : *Les Justes.* Édition présentée et établie par Pierre-Louis Rey.

112. Alfred de Musset : *Lorenzaccio.* Édition présentée et établie par Bertrand Marchal.

113. MARIVAUX : *Les Sincères* suivi de *Les Acteurs de bonne foi.* Édition présentée et établie par Henri Coulet.

114. Eugène IONESCO : *Jacques ou la Soumission* suivi de *L'avenir est dans les œufs.* Édition présentée et établie par Marie-Claude Hubert.

115. Marguerite DURAS : *Le Square.* Édition présentée et établie par Arnaud Rykner.

116. William SHAKESPEARE : *Le Marchand de Venise.* Édition de Gisèle Venet. Traduction de Jean-Michel Déprats. Édition bilingue. (À paraître.)

117. Valère NOVARINA : *L'Acte inconnu.* Édition présentée et établie par Michel Corvin.

118. Pierre CORNEILLE : *Nicomède.* Édition présentée et établie par Jean Serroy.

Composition Interligne.
Impression CPI Bussière
à Saint-Amand (Cher), le 12 mai 2009.
Dépôt légal : mai 2009.
Numéro d'imprimeur : 091442/1.
ISBN 978-2-07-034235-8./Imprimé en France.

147031